Vencendo a depressão

FBTC
Federação Brasileira de
Terapias Cognitivas

artmed

A Artmed é a editora
oficial da FBTC

L434v   Vencendo a depressão : manual de terapia cognitivo-
-comportamental para pacientes e terapeutas /
Organizadores, Daniela Tusi Braga, Analise de Souza
Vivan, Ives Cavalcante Passos. – Porto Alegre : Artmed,
2024.
x, 117 p. ; 25 cm.

    ISBN 978-65-5882-203-5

    1. Psicoterapia. 2. Depressão. I. Braga, Daniela Tusi.
II. Vivan, Analise de Souza. III. Passo, Ives Cavalcante.

CDU 616.8-085.851

Catalogação na publicação: Karin Lorien Menoncin – CRB 10/2147

Daniela Tusi **Braga**
Analise de Souza **Vivan**
Ives Cavalcante **Passos**
(orgs.)

Vencendo a depressão

manual de **terapia cognitivo-comportamental** *para pacientes e terapeutas*

artmed

Porto Alegre
2024

© GA Educação Ltda., 2024.

Gerente editorial
Letícia Bispo de Lima

Colaboraram nesta edição:

Coordenadora editorial:
Cláudia Bittencourt

Capa:
Paola Manica | Brand&Book

Preparação de originais:
Sandra Helena Milbratz Chelmicki

Projeto gráfico e editoração:
Tipos – design editorial e fotografia

Reservados todos os direitos de publicação ao
GA EDUCAÇÃO LTDA.
(Artmed é um selo editorial do GA EDUCAÇÃO LTDA.)
Rua Ernesto Alves, 150 – Bairro Floresta
90220-190 – Porto Alegre – RS
Fone: (51) 3027-7000

SAC 0800 703 3444 – www.grupoa.com.br

É proibida a duplicação ou reprodução deste volume, no todo ou em parte, sob quaisquer formas ou por quaisquer meios (eletrônico, mecânico, gravação, fotocópia, distribuição na Web e outros), sem permissão expressa da Editora.

IMPRESSO NO BRASIL
PRINTED IN BRAZIL

Autores

Daniela Tusi Braga (Org.). Psicóloga. Especialista em Terapia Racional Emotiva Comportamental (TREC) pelo The Albert Ellis Institute, Estados Unidos. Mestra e Doutora em Ciências Médicas: Psiquiatria pela Universidade Federal do Rio Grande do Sul (UFRGS). Sócia-fundadora do INTCognitivas e do Aplicativo Thrive: Saúde Mental Digital.

Analise de Souza Vivan (Org.). Psicóloga. Especialista em Terapias Cognitivo-comportamentais pela Universidade do Vale do Rio dos Sinos (Unisinos). Mestra em Psicologia Clínica pela Pontifícia Universidade Católica do Rio Grande do Sul (PUCRS). Doutora em Ciências Médicas: Psiquiatria pela UFRGS. Sócia-fundadora do INTCognitivas e do Aplicativo Thrive: Saúde Mental Digital.

Ives Cavalcante Passos (Org.). Psiquiatra. Professor de Psiquiatria do Hospital de Clínicas de Porto Alegre (HCPA) da UFRGS. Doutor em Psiquiatria pela UFRGS. Pós-doutorado na University of Texas Health Science Center at Houston, Estados Unidos. Coordenador do Programa de Residência Médica em Psiquiatria e do Programa de Transtorno Bipolar do HCPA.

Aline Zimerman. Psicóloga. Especialista em Terapia Cognitivo-comportamental pela PUCRS. Doutoranda em Psiquiatria e Ciências do Comportamento na UFRGS/Universidade Federal de São Paulo (Unifesp)/Universidade de São Paulo (USP).

Anna Clara Sarmento Leite Caobelli. Psicóloga clínica. Mestranda em Psiquiatria e Ciências do Comportamento na UFRGS.

Augusto Ossamu Shintani. Psicólogo clínico e neuropsicólogo. Formação em Avaliação Neuropsicológica pelo Departamento de Neurologia da Faculdade de Medicina da USP. Mestre e doutorando em Psiquiatria e Ciências do Comportamento na UFRGS.

Cristian Roman Bonez. Acadêmico de Medicina na Universidade de Passo Fundo (UPF).

Eduardo A. Tedeschi. Psiquiatra. Mestre em Psiquiatria e Ciências do Comportamento pela UFRGS. Doutorando em Psiquiatria e Ciências do Comportamento na UFRGS.

Fabiano dos Santos Barato. Acadêmico de Medicina na UPF.

Fernando Daibert de Souza Motta. Médico de família e comunidade. Residente de Psiquiatria do Instituto Bairral de Psiquiatria. Mestre em Ciências Médicas pela Faculdade de Medicina de Ribeirão Preto (FMRP) da USP.

Gabriel Gonçalves Veloso. Acadêmico de Medicina na UFRGS.

Giovanna Maiolli Signori. Acadêmica de Medicina na Universidade Luterana do Brasil (Ulbra).

Júlio César Bebber. Psiquiatra. Professor adjunto de Psiquiatria da Universidade de Caxias do Sul (UCS). Mestrando em Psiquiatria e Ciências do Comportamento na UFRGS.

Kyara Rodrigues de Aguiar. Psicóloga. Formação em Terapia Cognitivo-comportamental pelo Centro de Estudos Luís Guedes (Celg)/HCPA e pelo INTCognitivas. Mestra em Psiquiatria e Ciências do Comportamento pela UFRGS. Doutoranda em Psiquiatria e Ciências do Comportamento na UFRGS.

Lidiane Rodrigues. Psicóloga clínica e do esporte. Professora convidada em diversas instituições de formação e especialização em Terapia Cognitivo-comportamental. Formação em Terapia Cognitivo-comportamental pelo Celg/ HCPA e em Terapia Comportamental Dialética pela ELO Psicologia e Desenvolvimento. Mestra em Psicologia Clínica pela PUCRS.

Thyago Antonelli-Salgado. Psiquiatra. Especialista em Psicoterapia de Orientação Analítica pelo Celg/HCPA. Mestre em Psiquiatria e Ciências do Comportamento pela UFRGS. Doutorando em Psiquiatria e Ciências do Comportamento na UFRGS.

Apresentação

A depressão é um transtorno muito comum. Só no Brasil, acomete cerca de 14% da população. Sendo observada principalmente em mulheres, a depressão é considerada pela Organização Mundial da Saúde (OMS) a segunda maior causa de incapacitação ao redor do mundo. Ainda segundo a OMS, menos de 50% das pessoas com o transtorno são tratadas e, em alguns países, menos de 10%. No Brasil, apenas 9% dos pacientes com depressão são tratados com medicamentos e, provavelmente, um número ainda menor com terapia cognitivo-comportamental (TCC), que são tratamentos com efetividade comprovada para o transtorno. Nesse cenário, a publicação de *Vencendo a depressão: manual de terapia cognitivo-comportamental para pacientes e terapeutas* chega em boa hora. Este é um recurso prático que constitui um valioso auxílio à TCC voltada à depressão, tanto para uso na terapia presencial de consultório como para atendimentos *on-line*, seja no formato individual ou em grupo.

Escrito por autores com larga experiência na utilização da TCC no tratamento da depressão, com uma linguagem simples, clara e quase coloquial, o livro é dividido em duas partes. A primeira delas inclui 11 capítulos voltados a pacientes e terapeutas, apresentando, além de informações para psicoeducação, o conteúdo individualizado das 11 sessões que constituem o tratamento proposto.

O primeiro capítulo contém informações sobre as manifestações da depressão e seus sintomas, com o objetivo de auxiliar o paciente a reconhecê-las; aprender a monitorar suas próprias alterações emocionais, comportamentais e cognitivas decorrentes da depressão; conhecer os tratamentos existentes; e aprender a usar instrumentos para medir a gravidade de seus sintomas (PHQ-9 e GAD-7).

O segundo capítulo aborda os aspectos biológicos da depressão: fatores genéticos, ambientais e neurobiológicos (neurotransmissores). Apresenta, também, o modelo cognitivo-comportamental da depressão, que considera as distorções cognitivas típicas que ocorrem em pacientes deprimidos: visão negativa de si mesmo, do mundo e do futuro (a tríade cognitiva de Beck) como tendo um papel importante na origem e na manutenção dos sintomas. Como já foi consistentemente comprovado por pesquisas, a correção dessas distorções cognitivas leva a uma redução ou até mesmo à eliminação dos sintomas depressivos.

Nos capítulos seguintes o paciente vai sendo exposto às várias etapas e aos vários recursos proporcionados pela TCC voltada ao tratamento da depressão, como automonitoramento de emoções, comportamentos e pensamentos disfuncionais (Cap. 3); ativação comportamental (Cap. 4); hábitos saudáveis – como atividade física, alimentação, sono, lazer e relações sociais (Cap. 5). A TCC propriamente dita é descrita nos Capítulos 6 e 7. No Capítulo 6, o paciente aprende a identificar pensamentos e crenças disfuncionais (modelo ABC) e, no Capítulo 7, a utilizar técnicas cognitivas destinadas à sua correção (reestruturação cognitiva; modelo ABCDE). É importante destacar que em todos esses capítulos são previstos exercícios práticos correspondentes aos temas abordados, para serem realizados durante a sessão com o terapeuta e, posteriormente, como tarefas de casa para consolidação do aprendizado, gerando mudanças cognitivas e comportamentais consistentes, bem como melhora dos sintomas. Também são abordados vários temas relevantes na vida do paciente deprimido, como, por exemplo, a importância dos relacionamentos interpessoais, cruciais para a felicidade humana (Robert Waldinger) (Cap. 8). Ainda nesse capítulo, são apresentadas dicas sobre postura e expressão corporal que facilitam a comunicação e a interação pessoal, como olhar nos olhos, sorrir, manter uma postura ereta, etc. No Capítulo 9, é abordado o impacto da depressão na família e como esta pode auxiliar o paciente com o transtorno. O Capítulo 10 é destinado ao ensino de outras estratégias, como a prática de exercícios de respiração diafragmática, a gratidão, o combate à procrastinação e ao perfeccionismo. Por sua vez, o Capítulo 11 é destinado ao aprendizado de técnicas de prevenção de recaídas, como a identificação de situações-gatilho, estratégias de enfrentamento, uso da distração, da ativação comportamental, de lembretes, formas de lidar com o estresse, entre outras.

Todos os capítulos dessa primeira parte são ricos em exemplos, exercícios práticos e recursos para preenchimento via celular ou computador, sendo importante destacar que todos os instrumentos disponíveis *on-line* são editáveis, o que facilita seu uso pelos pacientes sem a necessidade de impressão em papel.

A segunda parte do livro contém alguns tópicos especiais, como evidências de eficácia da TCC para a depressão (Cap. 12), manejo e prevenção do suicídio (Cap. 13), intervenções digitais no combate à depressão e perspectivas futuras (Cap. 14), intervenções farmacológicas (Cap. 15) e eletroconvulsoterapia, eletroestimulação e intervenções farmacológicas para depressão (Cap. 16). São capítulos que aprofundam esses temas, com uma boa fundamentação teórica, destinados especialmente aos profissionais, mas que podem ser lidos por pessoas leigas interessadas nesses conteúdos.

Este é, portanto, um livro abrangente, abarcando todos os conteúdos relevantes para auxiliar os pacientes com depressão, seus familiares e terapeutas a vencer o transtorno.

Aristides Volpato Cordioli
Psiquiatra. Professor aposentado do Departamento de Psiquiatria e Medicina Legal da Faculdade de Medicina (Famed) da Universidade Federal do Rio Grande do Sul (UFRGS). Mestre e Doutor em Ciências Médicas: Psiquiatria pela UFRGS.

Sumário

Parte I
Manual de terapia
cognitivo-comportamental

1
O que é depressão?   1
Daniela Tusi Braga
Analise de Souza Vivan
Ives Cavalcante Passos

2
As prováveis causas da depressão   7
Analise de Souza Vivan
Daniela Tusi Braga
Ives Cavalcante Passos

3
A importância do automonitoramento, da avaliação dos sintomas e da psicoeducação   13
Daniela Tusi Braga
Analise de Souza Vivan
Júlio César Bebber
Ives Cavalcante Passos

4
A terapia cognitivo-comportamental: ativação comportamental   18
Daniela Tusi Braga
Analise de Souza Vivan
Ives Cavalcante Passos

5
Terapia cognitivo-comportamental: hábitos saudáveis   23
Analise de Souza Vivan
Daniela Tusi Braga
Ives Cavalcante Passos

6
Terapia cognitivo-comportamental: Modelo ABC   29
Analise de Souza Vivan
Daniela Tusi Braga
Ives Cavalcante Passos

7
Terapia cognitivo-comportamental: Modelo ABCDE   34
Analise de Souza Vivan
Daniela Tusi Braga
Ives Cavalcante Passos

8
A importância dos relacionamentos interpessoais   40
Daniela Tusi Braga
Analise de Souza Vivan
Kyara Rodrigues de Aguiar
Ives Cavalcante Passos

9
Depressão e família 47
Analise de Souza Vivan
Daniela Tusi Braga
Aline Zimerman
Ives Cavalcante Passos

10
Outras ferramentas para combater a depressão 52
Daniela Tusi Braga
Analise de Souza Vivan
Lidiane Rodrigues
Ives Cavalcante Passos

11
Manutenção dos ganhos e prevenção de recaídas 60
Daniela Tusi Braga
Analise de Souza Vivan
Ives Cavalcante Passos

Parte II
Tópicos especiais

12
Evidências de eficácia da terapia cognitivo-comportamental para depressão 66
Thyago Antonelli-Salgado
Analise de Souza Vivan
Daniela Tusi Braga
Ives Cavalcante Passos

13
Manejo e prevenção do risco de suicídio 72
Augusto Ossamu Shintani
Anna Clara Sarmento Leite Caobelli
Ives Cavalcante Passos

14
Intervenções digitais no combate à depressão: expectativas futuras 84
Júlio César Bebber
Daniela Tusi Braga
Analise de Souza Vivan
Gabriel Gonçalves Veloso
Ives Cavalcante Passos

15
Intervenções farmacológicas para depressão 92
Fernando Daibert de Souza Motta
Giovanna Maiolli Signori
Ives Cavalcante Passos

16
Neuromodulação em psiquiatria 111
Eduardo A. Tedeschi
Cristian Roman Bonez
Fabiano dos Santos Barato

Parte I
Manual de terapia cognitivo-comportamental

Capítulo 1
O que é depressão?

Daniela Tusi **Braga**
Analise de Souza **Vivan**
Ives Cavalcante **Passos**

Neste capítulo, falamos sobre a depressão, um transtorno mental comum que afeta milhões de pessoas em todo o mundo. A partir da compreensão dos sintomas e impactos da depressão, aprendemos a diferenciá-la da tristeza, reconhecendo a importância de buscar tratamento adequado. Além disso, apresentamos a terapia cognitivo-comportamental (TCC), uma abordagem eficaz no tratamento da depressão, e a base teórica e técnica utilizada no presente livro. Também são sugeridas atividades práticas para monitorar a gravidade dos seus sintomas e acompanhar a evolução do seu tratamento. Ao adquirir essas habilidades, é possível dar os primeiros passos em direção a uma vida mais saudável e satisfatória.

O que é depressão?

"Quando as pessoas não sabem exatamente o que a depressão é, elas podem ser críticas."
Marion Cotillard

A depressão é um transtorno mental caracterizado por humor deprimido, ou seja, estado persistente de tristeza, desânimo, vazio e falta de esperança. É comum que a pessoa perca o interesse por atividades que antes lhe davam prazer. Algumas vezes, mesmo as ocupações do dia a dia tornam-se difíceis, como ir ao trabalho, pagar contas, cuidar da higiene pessoal, sair da cama ou de casa. Cansaço, falta de energia, dificuldade de concentração e alterações no sono e apetite também podem estar presentes.

Como mencionado, o padrão de sono pode estar alterado. Por exemplo, uma pessoa deprimida pode acordar muito cedo, ter dificuldade de adormecer ou ainda acordar no meio da noite. A atividade sexual pode também ficar prejudicada e ser evitada. O apetite pode diminuir ou aumentar, levando a perda ou ganho de peso. Algumas vezes, a depressão é uma reação a experiências de vida desagradáveis, como a morte de uma pessoa próxima ou a perda de um emprego. Outras vezes, a depressão pode aparecer sem uma razão clara e perdurar por um longo período de tempo.

Você sabe qual a diferença entre depressão e tristeza?

Um passo importante para identificar a depressão é diferenciá-la da tristeza. A tristeza é uma das emoções básicas descritas pelo Dr. Paul Ekman, sendo um estado emocional normal e experimentado por todos nós. Quando ativada, a tristeza tem a função de nos ajudar a refletir sobre nossas emoções, pensamentos e comportamentos, impulsionando-nos em direção a mudanças.

A tristeza é importante para reavaliarmos situações que não estão funcionando de maneira adequada e para que sigamos um novo caminho. É comum ficarmos mais pensativos e reclusos durante a tristeza, o que permite a reavaliação de algumas experiências de vida. A tristeza é uma experiência emocional passageira e, em geral, não leva a prejuízos na vida de um indivíduo. Entretanto, quando é frequente e acompanhada de outros sintomas depressivos, a tristeza pode trazer prejuízos no trabalho e na vida pessoal e, em alguns casos, ser o prenúncio de um episódio depressivo.

No **Quadro 1.1** você pode *visualizar* os critérios diagnósticos da depressão de acordo com o *Manual diagnóstico e estatístico de transtornos mentais* (DSM-5-TR) (American Psychiatric Association [APA], 2023). O manual estabelece critérios específicos que os profissionais de saúde mental utilizam

---

Quadro 1.1
Critérios diagnósticos da depressão – DSM-5-TR

A. Cinco (ou mais) dos seguintes sintomas estiveram presentes durante o mesmo período de duas semanas e representam uma mudança no funcionamento anterior; pelo menos um dos sintomas é (1) humor deprimido ou (2) perda de interesse ou prazer.

Nota: Não incluir sintomas nitidamente devidos a outra condição médica.

1. Humor deprimido na maior parte do dia, quase todos os dias, conforme indicado por relato subjetivo (p. ex., sente-se triste, vazio, sem esperança) ou por observação feita por outras pessoas (p. ex., parece choroso). (**Nota:** Em crianças e adolescentes, pode ser humor irritável.)
2. Acentuada diminuição do interesse ou prazer em todas ou quase todas as atividades na maior parte do dia, quase todos os dias (conforme indicado por relato subjetivo ou por observação feita por outras pessoas).
3. Perda ou ganho significativo de peso sem estar fazendo dieta (p. ex., uma alteração de mais de 5% do peso corporal em um mês), ou redução ou aumento do apetite quase todos os dias. (**Nota:** Em crianças, considerar o insucesso em obter o ganho de peso esperado.)
4. Insônia ou hipersonia quase todos os dias.
5. Agitação ou retardo psicomotor quase todos os dias (observáveis por outras pessoas; não meramente sensações subjetivas de inquietação ou de estar mais lento).

➔

> **Quadro 1.1**
> **Critérios diagnósticos da depressão – DSM-5-TR**
>
> 6. Fadiga ou perda de energia quase todos os dias.
> 7. Sentimentos de inutilidade ou culpa excessiva ou inapropriada (que podem ser delirantes) quase todos os dias (não meramente autorrecriminação ou culpa por estar doente).
> 8. Capacidade diminuída para pensar ou se concentrar, ou indecisão, quase todos os dias (por relato subjetivo ou observação feita por outras pessoas).
> 9. Pensamentos recorrentes de morte (não somente medo de morrer), ideação suicida recorrente, sem um plano específico, um plano específico de suicídio ou tentativa de suicídio.
>
> **B.** Os sintomas causam sofrimento clinicamente significativo ou prejuízo no funcionamento social, profissional ou em outras áreas importantes da vida do indivíduo.
>
> **C.** O episódio não é atribuível aos efeitos fisiológicos de uma substância ou a outra condição médica.
>
> **Nota:** Os Critérios A-C representam um episódio depressivo maior.
>
> **Nota:** Respostas a uma perda significativa (p. ex., luto, ruína financeira, perdas por desastre natural, doença médica grave ou incapacidade) podem incluir sentimentos de tristeza intensos, ruminação acerca da perda, insônia, falta de apetite e perda de peso observados no Critério A, que podem se assemelhar a um episódio depressivo. Embora tais sintomas possam ser entendidos ou considerados apropriados à perda, a presença de um episódio depressivo maior, além da resposta normal a uma perda significativa, também deve ser cuidadosamente considerada. Essa decisão requer inevitavelmente o exercício do julgamento clínico baseado na história do indivíduo e nas normas culturais para a expressão de sofrimento no contexto de uma perda.
>
> **D.** Pelo menos um episódio depressivo maior não é mais bem explicado pelo transtorno esquizoafetivo e não se sobrepõe a esquizofrenia, transtorno esquizofreniforme, transtorno delirante ou outro transtorno do espectro da esquizofrenia e outros transtornos psicóticos especificado ou não especificado.
>
> **E.** Nunca houve um episódio maníaco ou um episódio hipomaníaco.
>
> **Nota:** Essa exclusão não se aplica se todos os episódios do tipo maníaco ou do tipo hipomaníaco são induzidos por substância ou são atribuíveis aos efeitos fisiológicos de outra condição médica.

para a identificação e o diagnóstico da depressão e de outros transtornos psiquiátricos.

A depressão é comum?

A depressão é um transtorno mental bastante comum, afetando cerca de 5% dos adultos em todo o mundo, sendo um pouco mais frequente nas mulheres do que nos homens. Além disso, determinados grupos populacionais, como adolescentes, pessoas acima de 60 anos e mulheres grávidas, podem apresentar uma prevalência ainda mais alta. Nos Estados Unidos, por exemplo, estima-se que 6% da população adulta (aproximadamente 14,8 milhões de pessoas) tenha vivenciado um episódio depressivo significativo em 2020, afetando sua capacidade de realizar as atividades diárias. No Brasil, de acordo com uma pesquisa recente, a prevalência autorreferida de depressão é de 11,3% (World Health Organization [WHO], 2022).

EXEMPLO **CLÍNICO**

Maria, uma mulher de 35 anos de idade, relatava sentir-se constantemente triste e desanimada, sem saber exatamente o motivo. Nos últimos meses, Maria passou por várias dificuldades em sua vida pessoal e profissional, incluindo a perda do emprego e o término de um relacionamento significativo. Essas situações desencadearam sentimentos de desesperança e uma sensação avassaladora de vazio emocional. Maria tinha dificuldade em encontrar prazer nas atividades que antes eram agradáveis para ela, como sair com amigos ou praticar *hobbies*. Ela isolou-se socialmente, evitando contato com a família e amigos mais próximos. Além disso, Maria sofria de insônia, lutando para adormecer e acordando frequentemente durante a noite. Ela também experimentava uma perda considerável de apetite, resultando em uma perda de peso significativa. Maria sentia-se constantemente exausta, sem energia para realizar as tarefas diárias simples. Esses sentimentos negativos levaram-na a pensamentos recorrentes de que sua vida não tinha mais sentido e, em alguns momentos, chegou a considerar o suicídio.

Impacto da depressão

O transtorno depressivo está listado entre as cinco principais causas de anos vividos com incapacidade em todo o mundo pelos estudos da Global Burden of Disease, publicados na *The Lancet*, importante revista científica. Isso se deve à sua alta prevalência e recorrência. É importante notar que a Organização Mundial da Saúde (WHO, 2022) estima que menos da metade das pessoas com depressão têm acesso ao tratamento.

A depressão pode ter impactos profundos e prejudiciais sobre os indivíduos afetados. Veja alguns exemplos:

- **Prejuízo na funcionalidade diária**: Dificuldade para realizar as tarefas cotidianas básicas, como cuidar de si mesmo, trabalhar, estudar e manter relacionamentos saudáveis. As pessoas podem sentir uma falta de energia persistente, perda de interesse em atividades que antes eram apreciadas e dificuldade de concentração, o que afeta negativamente sua capacidade de funcionar normalmente.
- **Prejuízo nas relações pessoais**: A depressão pode levar ao isolamento social e à dificuldade de interagir com outras pessoas. Os indivíduos afetados podem se sentir desconectados, incapazes de expressar emoções positivas, e evitar o contato social, o que pode levar a um distanciamento das amizades, da família e de outros relacionamentos importantes.
- **Impacto na saúde física**: Pessoas com depressão podem apresentar sintomas físicos como fadiga, distúrbios do sono, dor crônica e alterações no apetite. Além disso, o risco de desenvolver condições médicas, como doenças cardiovasculares, diabetes e doenças autoimunes, é maior.

- **Risco aumentado de suicídio**: A depressão está intimamente ligada ao aumento do risco de suicídio. Os sentimentos de desesperança e desamparo e o peso emocional da depressão podem levar algumas pessoas a considerar ou tentar o suicídio. É fundamental oferecer suporte e tratamento adequado para aqueles que estão enfrentando esses pensamentos e sentimentos.
- **Impacto na qualidade de vida**: Pode haver um sentimento persistente de tristeza, desesperança e falta de propósito. A capacidade de desfrutar a vida e encontrar prazer nas atividades apresenta-se reduzida, levando a um impacto negativo na satisfação geral e no bem-estar.

Como tratar a depressão?

Agora que já sabemos o que é tristeza e o que é depressão, o próximo passo é saber como tratar os sintomas depressivos. Atualmente, a depressão é tratada por meio de consultas com médicos psiquiatras, psicólogos e outros profissionais da área da saúde mental. As intervenções realizadas, em geral, são o tratamento medicamentoso e/ou a psicoterapia.

Existem diversos tratamentos medicamentosos para depressão, como os inibidores seletivos de recaptação da serotonina, os inibidores de recaptação da serotonina e noradrenalina, os inibidores da monoaminoxidase e os tricíclicos. Essas classes de medicamentos são chamadas de antidepressivos. Se você tiver interesse em conhecer mais sobre esse tema, pode ler o Capítulo 15 (Intervenções farmacológicas para depressão) deste livro. Com relação às psicoterapias, várias também são eficazes no tratamento da depressão, como a terapia cognitivo-comportamental (TCC), a terapia interpessoal, a terapia de orientação analítica, a psicanálise e o *mindfullness*.

Terapia cognitivo-comportamental

A abordagem teórica que embasa as intervenções terapêuticas que serão sugeridas

EXEMPLO CLÍNICO

Maria, em função dos sintomas depressivos, começou a se isolar socialmente, evitando o contato com amigos e familiares, e até mesmo deixou de participar de eventos importantes. Sua produtividade no trabalho diminuiu significativamente, e ela teve dificuldade em cumprir prazos e se concentrar nas tarefas. A qualidade do seu sono foi afetada, com insônia frequente e dificuldade em adormecer. Além disso, ela perdeu o apetite e começou a perder peso. Esses sintomas persistiram por vários meses, causando prejuízos em sua vida pessoal e profissional.

neste livro é a da TCC, que é amplamente reconhecida e eficaz no tratamento da depressão. Ela se baseia na ideia de que nossos pensamentos, emoções e comportamentos estão interligados, e que mudanças positivas nesses aspectos podem levar a uma melhora significativa no humor e no bem-estar geral. A TCC para a depressão envolve identificar e desafiar padrões de pensamento negativos e distorcidos, desenvolver habilidades de enfrentamento saudáveis e promover mudanças comportamentais benéficas.

É importante notar que podemos aprender estratégias para lidar melhor tanto com a depressão quanto com a tristeza. Para isso, temos que nos reeducar por meio de alterações no nosso comportamento e na nossa maneira de pensar.

Referências

American Psychiatric Association (APA). (2023). *Manual diagnóstico e estatístico de transtornos mentais: DSM-5-TR* (5. ed. rev.). Artmed.
World Health Organization (WHO). (2022). *Depression and other common. Depression and other common mental disorders: Global health estimates*. WHO.

Leituras recomendadas

da Silva, L. E. S., Gouvêa, E. de C. D. P., Stopa, S. R., Tierling, V. L., Sardinha, L. M. V., Macario, E. M., & Claro, R. M. (2021). Data resource profile: Surveillance system of risk and protective factors for chronic diseases by telephone survey for adults in Brazil (Vigitel). *International Journal of Epidemiology, 50*(4), 1058-1063.
Substance Abuse and Mental Health Services Administration (SAMHSA). (2019). *2018 national survey on drug use and health: Methodological summary and definitions.* https://www.samhsa.gov/data/sites/default/files/cbhsq-reports/NSDUHMethodsSummDefs2018/NSDUHMethodsSummDefs2018.htm

EXERCÍCIO PRÁTICO 1

Agora que você já sabe o que é depressão, é possível avaliar a gravidade dos seus sintomas. Registre, por meio de escalas padronizadas disponibilizadas *on-line*, a gravidade dos sintomas depressivos (PHQ-9 – paginas.grupoa.com.br/vencendo-a-depressao/phq-9) e ansiosos (GAD-7 – paginas.grupoa.com.br/vencendo-a-depressao/gad-7). Também, se você está em acompanhamento com psicólogo ou psiquiatra, converse com ele sobre a gravidade dos seus sintomas.

Capítulo 2
As prováveis causas da depressão

Analise de Souza **Vivan**
Daniela Tusi **Braga**
Ives Cavalcante **Passos**

Neste capítulo, abordamos alguns fatores que podem estar relacionados com a origem e a manutenção dos sintomas depressivos. Tratamos de alguns aspectos já bastante consolidados, como a questão genética e neurobiológica, e de assuntos mais atuais, como o uso de internet e redes sociais. Por fim, ao abordarmos os fatores psicológicos, explanamos o modelo cognitivo-comportamental da depressão. Por meio de um exercício prático, você será estimulado a identificar possíveis causas de seus sintomas. Dessa forma, é possível começar a pensar nas principais estratégias terapêuticas para vencê-las.

Prováveis causas da depressão

A depressão vem sendo bastante estudada nas últimas décadas. O transtorno acomete um grande número de pessoas, independentemente de idade, gênero, raça, escolaridade ou situação financeira. Não é raro sermos surpreendidos pela notícia de que alguém famoso e bem-sucedido está passando por um quadro depressivo. E, nesses casos, é comum as pessoas questionarem sobre o que pode ter levado tal pessoa à depressão.

O que as diversas pesquisas no tema sugerem é que a depressão, assim como a maioria dos transtornos psiquiátricos, é uma doença multifatorial. Assim, acredita-se que diferentes fatores podem contribuir para o surgimento e a manutenção da doença, incluindo aspectos genéticos, biológicos, psicológicos e ambientais.

História familiar

Os fatores genéticos desempenham um papel importante na origem do transtorno depressivo. Familiares de pessoas que sofrem ou já sofreram de depressão no passado apresentam risco aumentado de desenvolverem a doença ao longo da vida.

No caso de familiares de primeiro grau, como pais ou filhos, o risco pode ser de duas a quatro vezes maior em comparação a pessoas que não apresentam casos na família. Os riscos parecem ser mais altos para as formas de início precoce e recorrente (American Psychiatric Association [APA], 2023).

Porém, apesar desses fatores genéticos associados, os familiares daqueles que apresentam depressão não devem encarar isso como uma "sentença", uma certeza de que irão desenvolver a doença. Pelo contrário, devem usar essa informação a seu favor, conhecendo os sintomas associados à depressão, assim como as possíveis estratégias para preveni-los. Como veremos nas próximas seções, outros fatores também desempenham um papel importante na origem da depressão e podem ter um impacto fundamental na manutenção da saúde mental.

Aspectos neurobiológicos

Neurotransmissores são substâncias químicas presentes no cérebro que desempenham um importante papel na regulação do humor. São como mensageiros que transportam, estimulam e equilibram os sinais entre os neurônios e outras células do corpo. Desequilíbrios em neurotransmissores podem estar envolvidos na origem e manutenção dos sintomas depressivos. Dentre os neurotransmissores mais estudados na depressão, destacam-se a serotonina, a noradrenalina e a dopamina, cuja regulação é alvo de diversos antidepressivos.

Além disso, alterações hormonais também podem desempenhar um papel importante na depressão. Alguns desequilíbrios hormonais, como no hormônio do estresse – o cortisol – ou mudanças hormonais relacionadas à tireoide também podem contribuir para o desenvolvimento do transtorno.

Abuso de substâncias

O abuso de substâncias, como o álcool e outras drogas, pode aumentar o risco de transtorno depressivo. O consumo de drogas costuma causar gratificação imediata e sensação de alívio momentâneo, no entanto, algum tempo depois, o efeito reverso aparece, o que pode estimular o início de um quadro depressivo ou intensificar os sintomas já existentes.

Mesmo substâncias lícitas, como alguns medicamentos, quando usadas sem orientação médica e de forma abusiva, podem influenciar na saúde mental. Um exemplo é o uso de anfetaminas, que gera efeitos como maior energia, disposição e euforia em curto prazo. Porém, esse efeito temporário pode ser seguido de um efeito rebote caracterizado por desmotivação e tristeza, aumentando as chances de um quadro depressivo.

Estresse

Diferentes experiências adversas ao longo da vida podem contribuir para o surgimento da depressão. Apesar do transtorno muitas vezes ter início sem nenhuma situação adversa precipitante, vivenciar situações

EXEMPLO **CLÍNICO**

Helena é uma jovem de 20 anos de idade que buscou ajuda psiquiátrica em razão do sofrimento que vem sentido nos últimos meses. Apesar de relatar sempre ter tido uma vida saudável, com alimentação equilibrada, vida social ativa e atividades de lazer frequentes, vem apresentando sintomas depressivos, como tristeza persistente, perda de interesse e prazer nas atividades, diminuição de apetite, alteração do sono e sentimentos de desesperança. Ao ser questionada sobre o histórico familiar, Helena relata que a mãe e as avós apresentam ou já apresentaram depressão. Esse relato sugere uma possível herança genética implicada na origem do quadro atual.

estressantes pode aumentar o risco. Essas experiências têm maior influência quando são vivenciadas de maneira crônica ou experienciadas como traumáticas.

O estresse crônico ocorre quando uma pessoa está exposta a situações estressantes de longa duração, como problemas financeiros persistentes, conflitos familiares, pressões no trabalho ou demandas sociais contínuas. Já os eventos traumáticos são aqueles que podem ocorrer uma única vez, no entanto, têm maior potencial de impacto. São exemplos desses eventos o abandono ou negligência na infância, abuso físico, emocional ou sexual, acidentes graves, violência urbana ou doméstica, perda de um ente querido e desastres naturais.

Ao nos depararmos com situações de estresse, lançamos mão de estratégias de enfrentamento para lidar com elas. No entanto, quando o evento tem um grande potencial de impacto, exige esforço extra, podendo sobrecarregar nossa capacidade de enfrentamento e aumentar o risco de desenvolvimento de depressão.

Isolamento social

A falta de conexões sociais significativas e o sentimento de isolamento podem ser fatores desencadeantes da depressão. Enfrentar a sobrecarga relacionada a demandas e desafios diários sem uma rede de apoio para compartilhar suas dificuldades e receber suporte emocional pode ser desanimador. Além disso, atividades sociais restritas acabam por diminuir o engajamento em atividades de lazer, que são, sabidamente, importantes para a sensação de bem-estar. Ainda, sob a ótica da autoestima, a sensação de não ser valorizado por uma pessoa ou um grupo pode afetar negativamente a percepção a respeito de si mesmo.

Uso excessivo de internet e redes sociais

Outro aspecto atual que vem chamando atenção de profissionais da área de saúde mental refere-se ao uso da internet e redes sociais. A exposição excessiva parece aumentar o risco de sintomas depressivos, principalmente quando o uso é feito de maneira problemática, com padrões de uso caracterizando um comportamento de dependência das tecnologias (Cunningham et al., 2021).

Fatores psicológicos

Os fatores psicológicos são outro importante elemento relacionado à depressão. Os aspectos emocionais, cognitivos e comportamentais podem contribuir para o aumento do risco de desenvolver a doença, bem como para a manutenção dos sintomas. A seguir, são abordados os aspectos psicológicos baseados no modelo cognitivo-comportamental.

Modelo cognitivo-comportamental da depressão

Os primeiros estudos sobre a terapia cognitivo-comportamental foram realizados na década de 1960 pelo psiquiatra norte-americano Aaron Beck, que identificou um padrão de pensamentos comum a pacientes com transtorno depressivo. Dessa forma, observou que o humor e os comportamentos com características negativas eram resultado de pensamentos distorcidos, e não de aspectos inconscientes, como a teoria psicanalítica da época sugeria. Atualmente, esse tratamento psicoterápico baseado no modelo cognitivo-comportamental é o que apresenta melhor eficácia para a depressão.

O modelo cognitivo-comportamental da depressão envolve dois elementos principais: a tríade cognitiva e as distorções cognitivas.

Tríade cognitiva

Na depressão, é comum a apresentação de uma visão negativa a respeito de si mesmo, do mundo e do futuro. Essa visão negativa a respeito desses três aspectos foi denominada por Beck de tríade cognitiva da depressão (**Fig. 2.1**).

Veja alguns exemplos:

- **Visão negativa de si**: "Sou incapaz", "sou desinteressante", "não tenho valor".
- **Visão negativa do mundo**: "O mundo é exigente", "as pessoas não gostam de mim", "as pessoas irão me magoar".
- **Visão negativa do futuro**: "As coisas nunca vão mudar", "o futuro será péssimo", "nunca serei feliz".

A visão negativa a respeito desses três aspectos pode contribuir de maneira importante para a origem, a manutenção e a recorrência da depressão. Isso acontece porque a maneira como alguém interpreta uma determinada situação será influenciada

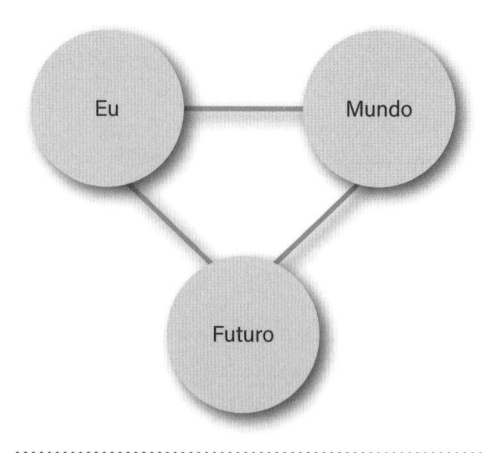

Figura 2.1
Tríade cognitiva da depressão.

pelo conteúdo de suas cognições (**Fig. 2.2**). Dessa forma, a pessoa que apresenta pensamentos negativos a respeito de si mesma, do mundo e do futuro tende a interpretar situações e eventos de vida de maneira negativa, resultando em emoções desadaptativas, e a se comportar de forma a confirmar suas crenças.

Distorções cognitivas

As distorções cognitivas, também chamadas de erros de pensamentos, são formas distorcidas de processar uma experiência (acontecimento gatilho). Essas interpretações irracionais despertam reações (emocionais, comportamentais e fisiológicas) desproporcionais às experiências.

Veja alguns exemplos de distorções comuns na depressão:

- **Regras**: "Tenho que...", "devo...", "os outros têm que...".
- **Catastrofização**: "É terrível...", "horrível...", "é o fim...", "não posso suportar...".
- **Rotulação**: "Sou incompetente...", "os outros não têm valor...".
- **Leitura mental**: "Ele(a) está me achando um(a) idiota...", "ele(a) me acha incapaz...".
- **Desqualificação do positivo**: "Não foi nada de especial...", "qualquer um po-

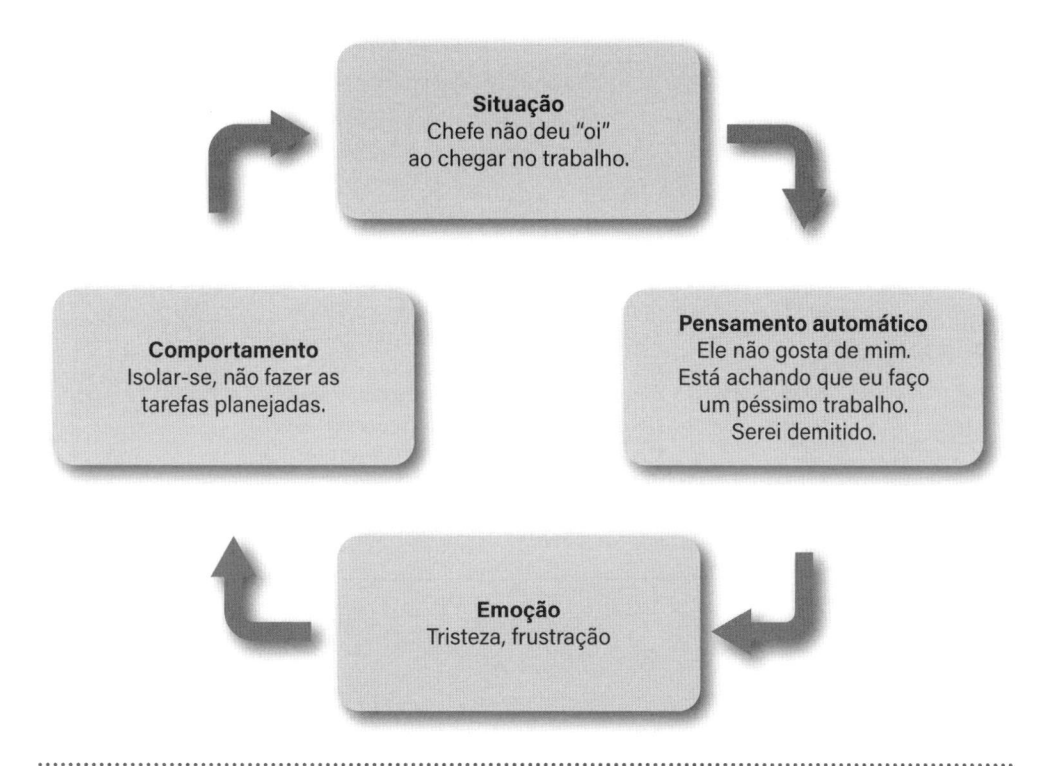

Figura 2.2
Exemplo de influência do conteúdo da cognição nas emoções.

deria fazer o que fiz...", "ele disse isso só para me agradar...".
- **Personalização**: "O encontro foi chato porque não puxei um bom papo...", "ele foi rude comigo porque eu fiz alguma coisa errada...".
- **Tudo ou nada**: "Meu desempenho não foi perfeito, devo ser um fracasso total...", "não resisti àquele doce, então vou desistir da dieta...".
- **Adivinhação do futuro**: "Vou ficar sozinho(a)...", "a festa vai estar horrível...".

Nos Capítulos 6 e 7, os conceitos relacionados à TCC serão aprofundados e veremos como utilizá-los no combate à depressão.

Referências

American Psychiatric Association (APA). (2023). *Manual diagnóstico e estatístico de transtornos mentais: DSM-5-TR* (5. ed. rev.). Artmed.

Cunningham, S., Hudson, C. C., & Harkness, K. (2021). Social media and depression symptoms: A meta-analysis. *Research on Child and Adolescent Psychopathology, 49*(2), 241-253.

EXERCÍCIO PRÁTICO 1

Quanto às prováveis causas da depressão, identifique na sua história pessoal se há algum fator que possa estar envolvido na origem ou manutenção de seus sintomas. Você pode usar o documento disponível em paginas.grupoa.com.br/vencendo-a-depressao/provaveis-causas-de-depressao para fazer o registro dessas informações.

Capítulo **3**

A importância do automonitoramento, da avaliação dos sintomas e da psicoeducação

Daniela Tusi **Braga**
Analise de Souza **Vivan**
Júlio César **Bebber**
Ives Cavalcante **Passos**

Neste capítulo, exploramos as estratégias para combater a depressão e compreender seus sintomas: o automonitoramento, a avaliação dos sintomas e a psicoeducação. Essas técnicas desempenham importante papel no âmbito das abordagens cognitivas e fornecem a você meios para aprofundar o entendimento de suas próprias experiências mentais e emocionais. O automonitoramento permite que as pessoas observem e registrem de forma sistemática suas emoções e comportamentos ao longo do tempo, facilitando a identificação de padrões e gatilhos para possíveis perturbações emocionais. Enquanto isso, a psicoeducação fornece uma base de conhecimento sobre os processos mentais, permitindo o desenvolvimento de recursos para o enfrentamento dos desafios emocionais com maior autonomia e confiança. Além disso, você será convidado a ser um colaborador ativo no seu processo de mudança nessa jornada em direção ao bem-estar emocional.

Automonitoramento

"Uma das características mais empolgantes da terapia cognitivo-comportamental é que ela ensina habilidades aos pacientes para se tornarem seus próprios terapeutas."
Greenberger e Padesky

O automonitoramento é uma técnica da terapia cognitivo-comportamental (TCC) amplamente usada. Ele facilita a colaboração terapeuta-cliente na coleta de dados, informa o planejamento do tratamento e promove a sensação de controle ao cliente (Cohen et al., 2013). O automonitoramento estimula o ato de voltar a atenção para nossas emoções, comportamentos e pensamentos, os quais são ativados por experiências do dia a dia. Esse é o primeiro passo no combate aos sintomas depressivos, pois oferece uma maior percepção de quando as emoções desagradáveis, como tristeza, ansiedade ou raiva, surgem.

Para que serve o automonitoramento?

Monitorar as suas emoções todos os dias possibilita uma melhor precisão na percepção de como você passou a semana. Pessoas com depressão podem apresentar um viés de pensamento que desqualifica os dias bons e as emoções positivas. Assim, valorizam-se só os sentimentos ruins e as experiências negativas. Monitorar, registrar e construir o gráfico das suas emoções auxilia você e seu terapeuta ou clínico a identificar de maneira fiel, objetiva e precisa a variação no seu estado de humor ao longo dos dias que precederam o último encontro. Além disso, essa estratégia ajuda a aumentar a consciência a respeito da influência das experiências sobre o estado de humor. Por exemplo, é provável que você identifique uma associação positiva entre os dias em que pratica atividade física e/ou desfruta uma boa noite de sono com um estado de humor melhor e uma redução na sensação de ansiedade e irritabilidade.

Outro benefício do automonitoramento é quebrar padrões automáticos indesejados e aumentar a consciência sobre as emoções, os comportamentos e os pensamentos. Ao registrar diariamente o que acontece e o grau de perturbação sentido, podemos identificar melhor nossos comportamentos repetitivos e seus efeitos em nosso estado emocional. Recomendamos que você comece a monitorar, inicialmente, as suas emoções e comportamentos, pois são mais facilmente identificáveis. Utilize diariamente as planilhas editáveis de automonitoramento disponíveis em paginas.grupoa.com.br/vencendo-a-depressao/planilhas-de-automonitoramento e adote uma postura de observador, aceitando suas emoções e registrando-as sem julgamentos. Compartilhe sua experiência com as pessoas que acompanham você nesse processo.

Como fazer os registros de automonitoramento?

Escolha um momento do dia e faça o registro. Quando for avaliar seu humor, a variação será de "muito triste" até "muito alegre". Ao avaliar a ansiedade, você pode escolher entre "muito ansioso" até "muito tranquilo". Por fim, o monitoramento da emoção de irritabilidade varia entre "muito irritado" até "muito sereno".

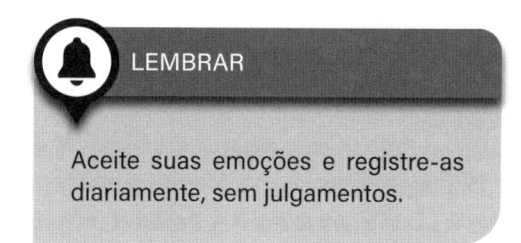

> **LEMBRAR**
>
> Aceite suas emoções e registre-as diariamente, sem julgamentos.

Você também pode registrar o nível de energia, variando de "muito baixa" até "muito alta", a quantidade de horas de sono e o tempo de atividade física que realizou no dia. É interessante notar que o nível de energia varia de acordo com o episódio de humor – estando baixo, em dias sucessivos, nos episódios depressivos e alto nos episódios maníacos. A quantidade e a qualidade do sono também podem se alterar durante os episódios depressivos, e a sua redução ou má qualidade é frequentemente um marca-

EXEMPLO CLÍNICO

Paulo, um gerente de projetos de 32 anos idade, buscou ajuda psicológica devido a sintomas depressivos e ansiedade persistentes. Utilizando o automonitoramento diariamente, Paulo identificou que dias com exercícios físicos e boas noites de sono resultavam em melhoria significativa em seu humor e em redução da ansiedade. Então, junto com seu terapeuta, Paulo estabeleceu metas realistas para melhorar seu sono e incorporar atividades físicas em sua rotina. Ao monitorar suas experiências, ele percebeu que seu estado emocional e sua disposição estavam intimamente ligados aos seus hábitos de sono e à prática de atividade física; consequentemente, sentiu-se mais motivado para alterar esses padrões comportamentais. Ao longo do tempo, Paulo notou mudanças positivas em seu bem-estar emocional e se tornou mais capaz de lidar com as demandas do trabalho e da vida cotidiana. O processo de automonitoramento mostrou-se uma ferramenta útil para o seu equilíbrio emocional e a mudança de hábitos.

---

dor precoce de recaída. Já a quantidade de atividade física está associada à melhora dos sintomas depressivos.

Importância de avaliar a gravidade dos sintomas – uso de escalas

A elaboração e aplicação de instrumentos de avaliação da gravidade dos sintomas em saúde mental surgiu a partir da necessidade de mensurar a eficácia das intervenções terapêuticas. Desde então, seu uso tem se disseminado, tanto em contexto de pesquisa quanto na prática diária de profissionais da área (Gorenstein et al., 2016).

Uma escala de avaliação em saúde mental é uma ferramenta padronizada que consiste em um conjunto de perguntas ou afirmações para quantificar características psicológicas, físicas ou comportamentais. Ela permite uma avaliação mais objetiva dos sintomas, reduzindo a subjetividade da entrevista clínica. O uso sistemático desses instrumentos auxilia no rastreamento de condições, no acompanhamento e no monitoramento da resposta aos tratamentos.

Avaliar a gravidade dos sintomas, ao longo do tratamento, permite que você acompanhe seu progresso de modo objetivo. Assim, você pode verificar se as intervenções terapêuticas estão funcionando adequadamente; caso contrário, novas estratégias terapêuticas podem ser planejadas e seu tratamento pode ser ajustado para garantir melhores resultados. Contar com escalas padronizadas para

LEMBRAR

Sua participação ativa no processo terapêutico é essencial para uma melhora significativa na qualidade de vida e no bem-estar emocional.

avaliar a gravidade dos sintomas contribui para um cuidado mais eficaz e personalizado em sua jornada de tratamento.

Sugerimos que você acompanhe seu progresso terapêutico por meio das escalas Patient Health Questionnaire (PHQ-9 – paginas.grupoa.com.br/vencendo-a-depressao/phq-9), que avalia a gravidade dos sintomas depressivos (Santos et al., 2013), e General Anxiety Disorder (GAD-7 – paginas.grupoa.com.br/vencendo-a-depressao/gad-7), que avalia a gravidade dos sintomas ansiosos (Moreno et al., 2016). Essas escalas são autoaplicáveis, ou seja, você pode respondê-las de acordo com a percepção dos seus sintomas, de preferência sem auxílio de terceiros. Esses instrumentos foram revisados e validados para uso em pesquisa e na prática clínica. Utilize-os, se possível, seguindo as orientações do seu profissional de saúde mental.

Sugerimos que você monitore mensalmente a gravidade dos sintomas nos quais está trabalhando. Por exemplo, se você tem sintomas depressivos e quer diminuí-los – assim como usa a balança para controlar seu peso –, você pode contar com a ajuda da escala PHQ-9 para mensurá-los e acompanhar a sua evolução.

A importância da psicoeducação

A psicoeducação é uma técnica essencial da TCC. Ela consiste no ensino de princípios e conhecimentos psicológicos relevantes para que você possa aumentar a consciência sobre a depressão, os seus efeitos e como combatê-la.

> **LEMBRAR**
>
> Quanto mais você compreender o problema e adquirir conhecimento, mais preparado estará para enfrentar e controlar os episódios depressivos.

A psicoeducação visa capacitar você com informações valiosas, contribuindo para uma melhor gestão da depressão e um progresso significativo ao longo do tempo. Estudos mostram que a qualidade do conteúdo psicoeducativo pode fazer toda a diferença no resultado do tratamento (Donker et al., 2009).

Adquirir conhecimentos sobre diagnóstico, sintomas e sobre como a TCC pode ajudar no combate à depressão está associado a uma maior autonomia e manejo da realidade. Além disso, ajuda você a ser um colaborador ativo do seu processo terapêutico. A psicoeducação, portanto, envolve dois aspectos principais: a aquisição de conhecimento qualificado sobre seu diagnóstico e temas relacionados e as atitudes que você pode tomar para combater a depressão.

Receber um diagnóstico pode ser uma experiência de grande alívio, uma vez que as vivências que antecedem esse momento podem ser marcadas por sentimentos de isolamento e não pertencimento. Portanto, o conhecimento das nuanças e especificidades da depressão é um apaziguador dos sentimentos negativos que um transtorno do humor pode despertar. Além disso, saber que existe tratamento efetivo para depressão ativa a esperança e o envolvimento no tratamento, diminuindo o medo dos sintomas.

Ter conhecimento sobre a doença irá lhe auxiliar a agir na direção adequada para combater o transtorno. Perder o medo abre espaço para pensar maneiras de enfrentar e resolver o problema identificado. Isso promove uma sensação de amparo e autonomia, já que é possível exercer algum tipo de controle sobre a realidade. Assim, a tendência é que sua ansiedade diminua e seu impulso em direção à proatividade no tratamento aumente. Você acabará aplicando os conhecimentos adquiridos na sua rotina diária.

A psicoeducação auxilia no combate à depressão, transformando você em agente ativo no processo terapêutico. Para isso, conte com a ajuda deste livro e procure seguir as recomendações desta leitura.

Referências

Cohen, J. S., Edmunds, J. M., Brodman, D. M., Benjamin, C. L., & Kendall, P. C. (2013). Using self-monitoring: Implementation of collaborative empiricism in cognitive-behavioral therapy. *Cognitive and Behavioral Practice, 20*(4), 419-428.

Donker, T., Griffiths, K. M., Cuijpers, P., & Christensen, H. (2009). Psychoeducation for depression, anxiety and psychological distress: a meta-analysis. *BMC Medicine, 7,* 79.

Gorenstein, C., Wang, Y.-P., & Hungerbühler, I. (Orgs.). (2016). *Instrumentos de avaliação em saúde mental*. Artmed.

Moreno, A. L., DeSousa, D. A., Souza, A. M. F. L. P., Manfro, G. G., Salum, G. A., Koller, S.H., ... Crippa, J. A. de S. (2016). Factor structure, reliability, and item parameters of the brazilian-portuguese version of the GAD-7 questionnaire. *Temas em Psicologia, 24*(1), 367-376.

Santos, I. S., Tavares, B. F., Munhoz, T. N., Almeida, L. S., Silva, N. T., Tams, B. D., ... Matijasevich, A. (2013). Sensibilidade e especificidade do Patient Health Questionnaire-9 (PHQ-9) entre adultos da população geral. *Cadernos de Saúde Pública, 29*(8), 1533-1543.

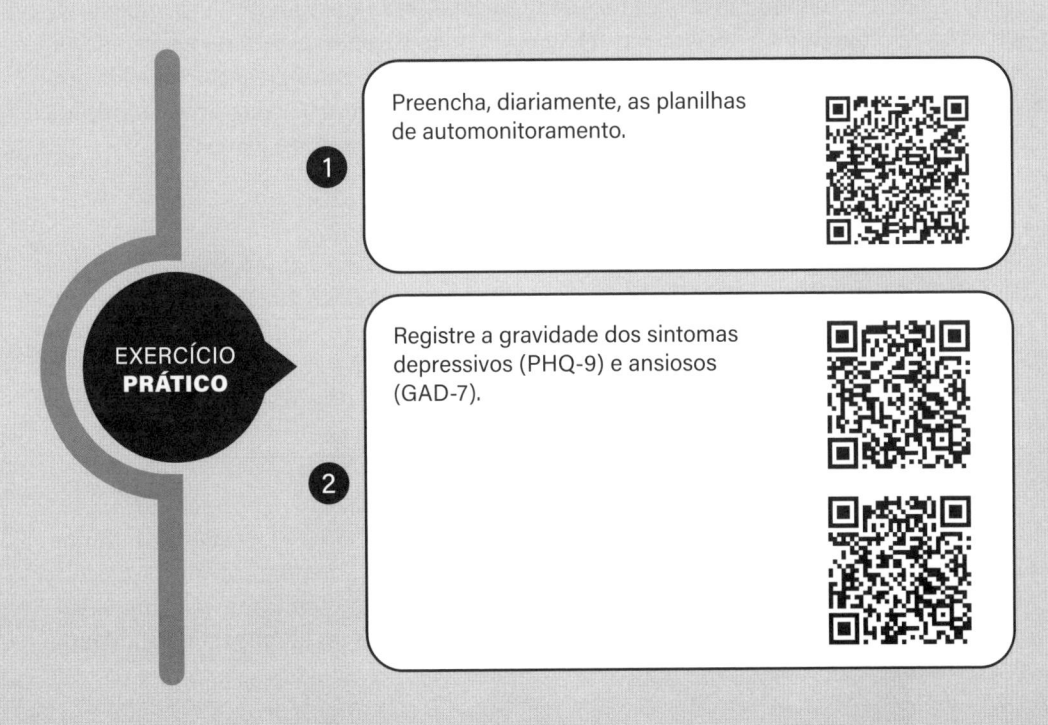

EXERCÍCIO PRÁTICO

1. Preencha, diariamente, as planilhas de automonitoramento.

2. Registre a gravidade dos sintomas depressivos (PHQ-9) e ansiosos (GAD-7).

Capítulo **4**

A terapia cognitivo-
-comportamental:
ativação
comportamental

Daniela Tusi **Braga**
Analise de Souza **Vivan**
Ives Cavalcante **Passos**

Neste capítulo, apresentamos uma das técnicas mais efetivas no combate à depressão: a ativação comportamental. Essa abordagem terapêutica é altamente eficaz no tratamento da depressão e tem como foco a retomada de atividades prazerosas e significativas, mesmo que inicialmente não haja motivação. Ao se envolver nessas atividades, você experimentará uma melhora nos sintomas depressivos e no seu bem-estar emocional. Ao longo do capítulo, você compreenderá o conceito de ativação comportamental, sua importância no tratamento da depressão e como ela pode ser uma ferramenta valiosa para recuperar o prazer e o significado em sua vida. Além disso, serão indicados exercícios práticos, como o preenchimento da lista de atividades prazerosas e a organização da agenda semanal, para auxiliá-lo a identificar e incorporar atividades que despertem sensações positivas em sua rotina diária.

Você já ouviu falar sobre ativação comportamental?

"A vida é como andar de bicicleta. Para ter equilíbrio você tem que se manter em movimento."
Albert Einstein

Ativação comportamental é uma técnica terapêutica utilizada no tratamento da depressão, que visa incentivar o paciente a retomar atividades prazerosas e significativas para aumentar o bem-estar emocional (Dimidjian et al., 2011). Essa abordagem mostrou ser tão efetiva quanto a TCC no tratamento da depressão, além de ser uma opção de intervenção viável e acessível (Richards et al., 2016).

É uma abordagem, ao contrário do que se imagina, com foco para além da ação. A ativação comportamental valoriza a sua vida de maneira abrangente, auxiliando na análise de seus comportamentos, pensamentos e emoções, bem como nas situações responsáveis pela perpetuação dos sintomas depressivos. Além disso, o objetivo é resolver os problemas que impedem você de se envolver em experiências prazerosas e que perpetuam os comportamentos associados à depressão.

Se você já monitorou suas emoções, provavelmente observou que em períodos depressivos torna-se menos ativo e mais passivo. A maioria das pessoas deprimidas relata abandono das atividades prazerosas. Em contrapartida, há um aumento em comportamentos como queixa, autocrítica severa, hostilidade e choro excessivo.

> **LEMBRAR**
>
> O foco principal da ativação comportamental é a mudança comportamental diária, considerando as emoções e os pensamentos, com o objetivo de tratar os episódios depressivos e prevenir recaídas futuras.

A ativação comportamental está fundamentada na teoria de análise do comportamento, desenvolvida na década de 1970 (Dimidjian et al., 2011). Esse modelo sugere que a depressão tem sua origem na falta de reforço positivo; ou seja, pessoas deprimidas, na relação com o ambiente, não têm experiências positivas suficientes para aumentar ou perpetuar seus comportamentos funcionais, principalmente nas relações sociais. Além disso, a teoria de análise do comportamento sugere que a depressão está mais associada ao comportamento do que aos pensamentos. Então, segundo os comportamentalistas, a melhor maneira de combatê-la seria colocar em prática um cronograma adequado de experiências pessoais positivas.

Atualmente, dentro desse modelo, incluem-se também as emoções e os pensamentos. Pesquisas recentes sugerem que as pessoas deprimidas expostas ao programa de ativação comportamental têm tantos benefícios quanto as pessoas com depressão que completam o mesmo programa associado às técnicas cognitivas focadas na reestruturação de pensamentos (Richards et al., 2016). Essa abordagem integrada demonstra resultados promissores no tratamento da depressão, independentemente do enfoque exclusivo em ações ou da combinação com elementos cognitivos e emocionais.

> Uma vida digna de ser vivida leva em consideração seus valores, seu prazer, suas habilidades e seus objetivos.

O passo fundamental da ativação comportamental é escolher os comportamentos responsáveis por melhorar o seu humor. Embora alguns comportamentos, como atividade física (Schuch et al., 2016) e meditação (Kuyken et al., 2016), estejam associados com a melhora direta do humor, os comportamentos que provavelmente ajudarão são aqueles que se alinham às coisas que você gosta de fazer, às suas habilidades e ao que você valoriza.

Você terá oportunidade de experimentar a ativação comportamental e observar seus efeitos. Para isso, será indispensável o preenchimento da lista de atividades prazerosas, disponível em paginas.grupoa.com.

br/vencendo-a-depressao/lista-de-atividades.

A partir dela você poderá construir um cronograma semanal com suas atividades preferidas e também monitorar a sensação de prazer diante de seus comportamentos. Ao programar suas atividades, é importante equilibrar atividades divertidas com atividades de responsabilidade. Os exercícios listados na lista de atividades prazerosas vão ajudar você a definir os objetivos para a ação em direção àquilo que considera mais relevante. Observe o exemplo clínico a seguir.

Como a ativação comportamental pode ajudar você

Essa estratégia auxilia a aumentar, gradualmente, seu comportamento ativo por meio do contato com suas emoções de gratificação e prazer. É claro que as pessoas têm interesses diferentes. Você precisa, em

EXEMPLO CLÍNICO

Joana procurou ajuda profissional após enfrentar uma fase difícil em sua vida. Ela estava se sentindo constantemente triste, sem interesse em atividades que antes lhe davam prazer e tinha dificuldade em realizar até mesmo tarefas simples do cotidiano. Além disso, Joana apresentava pensamentos negativos recorrentes sobre si mesma e o futuro. Ela foi convidada a usar a abordagem da ativação comportamental para ajudá-la a superar a depressão. Nas primeiras sessões, a terapeuta realizou uma avaliação detalhada da história de vida de Joana, de seus interesses, habilidades, valores e comportamentos que antes eram prazerosos. Durante o tratamento, foram identificados, com a ajuda da lista de atividades prazerosas, alguns comportamentos significativos para Joana, como a pintura, a prática de ioga e o contato com a natureza. Essas atividades eram parte essencial de quem ela era, mas, devido à depressão, Joana havia abandonado sua prática. A terapeuta trabalhou com Joana para estabelecer metas realistas e desenvolver um plano de atividades que incluísse a reintegração dessas práticas em sua rotina diária. Ao longo das sessões, elas também exploraram os pensamentos negativos da paciente e como eles afetavam a motivação e o engajamento em atividades prazerosas. Conforme Joana se envolvia mais nessas atividades, começou a notar mudanças em seu humor. Ela relatou sentir-se mais leve, com menos pensamentos negativos, e notou um aumento gradual em sua energia e interesse pelas coisas ao redor. Ela também começou a se conectar com outras pessoas durante as aulas de ioga e se sentiu mais motivada a sair de casa e interagir socialmente.

um primeiro momento, identificar ou lembrar do que gostava de fazer, por exemplo:

- Ouvir música
- Dançar
- Jogar um jogo
- Praticar esportes
- Viajar
- Encontrar amigos
- Ler
- Sair para almoçar
- Ir ao cinema

Você escolhe!

Em contrapartida, a ativação comportamental ajuda a diminuir comportamentos evitativos, queixosos, ruminativos e de isolamento social que estão associados à manutenção dos sintomas depressivos.

LEMBRAR

No início, a ativação comportamental pode não ser tão legal. O prazer vai ser ativado com a prática.

Agora, escolha suas atividades!

Sinta-se à vontade para incluir suas próprias atividades na lista de atividades prazerosas.

Como funciona a ativação comportamental na prática

Você sabia que a ação pode preceder a motivação? Frequentemente, você pode esperar se sentir melhor ou mais motivado antes de fazer algo. Mas os sintomas depressivos estão associados aos seus pensamentos, que dizem que os comportamentos de evitar ou de se isolar estão a serviço da sua proteção. Isso significa que, enquanto você "escutar" a depressão, continuará se sentindo menos motivado. Assim, quando seus sintomas depressivos estiverem ativos, não é aconselhável esperar que o cérebro lhe dê a motivação para fazer as coisas.

Pesquisas mostram que a decisão de ativar é necessária para que suas emoções mudem; em outras palavras, é ir na direção oposta à que a depressão orienta e fazer algo alinhado com seus valores e objetivos. A ativação altera seu estado cerebral e fará você se sentir melhor. Um exemplo clássico é a atividade física, que aumenta a endorfina no cérebro e está associada à sensação de bem-estar. Além disso, quanto mais você estiver ativado, mais poderá vivenciar experiências positivas.

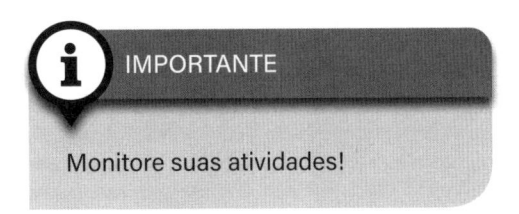

IMPORTANTE

Monitore suas atividades!

Para saber o que fazer e para corrigir um problema, primeiro precisamos entender o que está acontecendo. É importante que você registre o que está fazendo ao longo do dia e como as atividades interferem no seu humor. Entender quais comportamentos ajudam você a se sentir melhor e quais continuam mantendo os sintomas depressivos é um passo importante para a mudança. Para isso, você pode usar sua própria agenda ou a folha da agenda semanal disponível em paginas.grupoa.

com.br/vencendo-a-depressao/agenda-semanal.

Pesquisas mostram que as pessoas que escrevem antes de agir têm um melhor desempenho do que aquelas que tentam fazer "de cabeça". Após o registro e a avaliação das atividades, você poderá monitorar na aba Ativação, que consta na lista de atividades prazerosas, quais atividades proporcionaram maior ou menor prazer.

> **LEMBRAR**
>
> A ativação comportamental não é aleatória. Ela é programada e monitorada de maneira personalizada.

Referências

Dimidjian, S., Barrera, M., Martell, C., Muñoz, R. F., & Lewinsohn, P. M. (2011). The origins and current status of behavioral activation treatments for depression. *Annual Review of Clinical Psychology, 7*, 1-38.

Kuyken, W., Warren, F. C., Taylor, R. S., Whalley, B., Crane, C., Bondolfi, G., ... Dalgleish, T. (2016). Efficacy of mindfulness-based cognitive therapy in prevention of depressive relapse: An individual patient data meta-analysis from randomized trials. *JAMA Psychiatry, 73*(6), 565-574.

Richards, D. A., Ekers, D., McMillan, D., Taylor RS, Byford S, Warren F., ... Finning, K. (2016). Cost and Outcome of Behavioural Activation versus Cognitive Behavioural Therapy for Depression (COBRA): A randomised, controlled, non-inferiority trial. *Lancet, 388*(27), 871-880.

Schuch, F. B., Vancampfort, D., Richards, J., Rosenbaum, S., Ward, P. B., & Stubbs, B. (2016). Exercise as a treatment for depression: A meta-analysis adjusting for publication bias. *Journal of Psychiatric Research, 77*, 42-51.

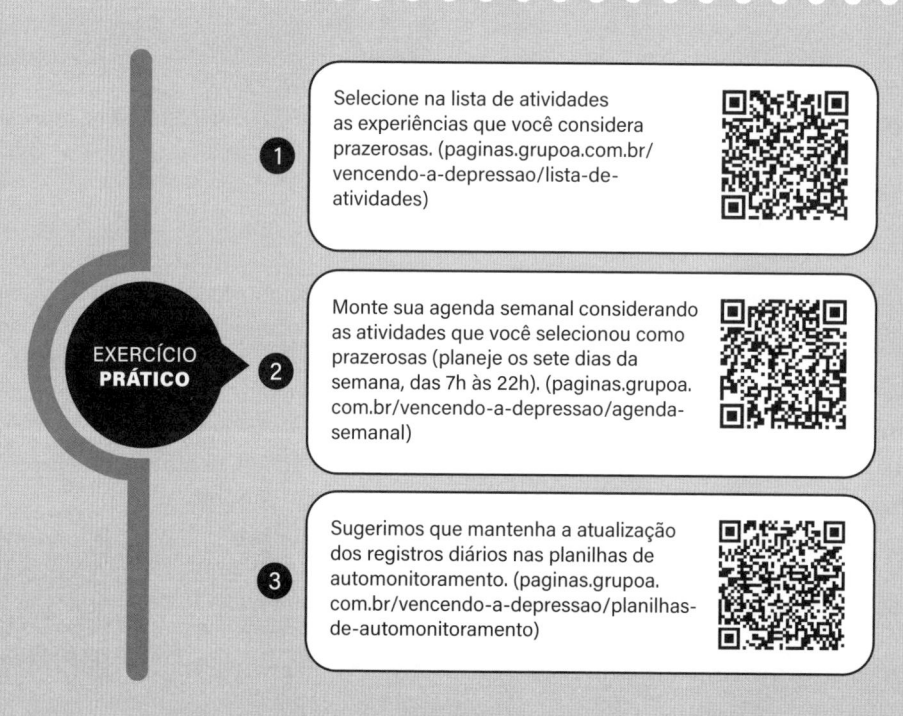

EXERCÍCIO PRÁTICO

1. Selecione na lista de atividades as experiências que você considera prazerosas. (paginas.grupoa.com.br/vencendo-a-depressao/lista-de-atividades)

2. Monte sua agenda semanal considerando as atividades que você selecionou como prazerosas (planeje os sete dias da semana, das 7h às 22h). (paginas.grupoa.com.br/vencendo-a-depressao/agenda-semanal)

3. Sugerimos que mantenha a atualização dos registros diários nas planilhas de automonitoramento. (paginas.grupoa.com.br/vencendo-a-depressao/planilhas-de-automonitoramento)

Capítulo **5**

Terapia cognitivo-
-comportamental:
hábitos saudáveis

Analise de Souza **Vivan**
Daniela Tusi **Braga**
Ives Cavalcante **Passos**

Apresentamos, neste capítulo, uma explanação sobre a importância dos hábitos saudáveis e seu impacto na saúde mental, incluindo questões relacionadas a atividade física, alimentação, sono, lazer e atividades sociais. Você será estimulado a inserir novos hábitos em sua rotina e a elaborar uma agenda semanal de atividades como forma de promover mudanças positivas. Além disso, você terá acesso a uma ferramenta para registro e monitoramento do tempo de sono e de atividade física.

Você conhece a importância dos hábitos saudáveis?

"Você é livre para fazer suas escolhas, mas é prisioneiro das consequências."
Pablo Neruda

Adotar um estilo de vida em que sejam priorizados hábitos saudáveis, além de trazer diversos benefícios para a saúde física e prevenir doenças, como problemas cardiovasculares, diabetes, acidente vascular cerebral (AVC) e câncer, também têm impacto significativo sobre a saúde mental e a qualidade de vida.

Atividade física

Um dos principais hábitos saudáveis para ser incorporado à rotina é a realização de atividade física. Do ponto de vista molecular, a prática de exercícios está associada à modulação de neurotransmissores e marcadores inflamatórios e à produção de endorfina. Dessa forma, a realização de atividade física contribui para regular diversas funções, como o humor, gerando sensação de bem-estar e melhora do sono, podendo contribuir tanto para a prevenção quanto para o alívio de sintomas depressivos e de ansiedade. Além disso, praticar atividades físicas influencia positivamente a saúde mental, a cognição e o processo de aprendizado.

A Organização Mundial da Saúde (OMS) enfatiza que qualquer quantidade de atividade física é melhor do que nenhuma (World Health Organization [WHO], 2020). No entanto, para obter resultados melhores na saúde e no bem-estar, é recomendada a realização de pelo menos 150 minutos por semana de atividade aeróbica de moderada intensidade. Para benefícios adicionais à saúde, dois dias de fortalecimento muscular podem ser inseridos semanalmente.

Se você está sedentário, pode começar realizando pequenos avanços nessa área, com dias espaçados de atividade física de curta duração e leve intensidade. À medida que for se sentindo mais disposto e preparado, poderá aumentar o tempo dedicado e a intensidade de maneira gradual.

> **LEMBRAR**
>
> Toda atividade física conta. Você pode incorporar hábitos na sua rotina que diminuam o sedentarismo, como caminhar ou pedalar na ida para a escola ou trabalho, ou brincar de pega-pega com seu filho em momentos de lazer.

Alimentação

O papel da alimentação vem sendo cada vez mais estudado na relação com diversos tipos de doenças. Em algumas doenças crônicas, como diabetes e hipertensão arterial, essa relação é bem conhecida. No entanto, no âmbito da saúde mental, esse campo de estudo é mais recente e está em constante desenvolvimento.

Estudos na área têm investigado o aspecto nutricional dos alimentos e como os padrões alimentares podem influenciar o humor, o comportamento e a cognição. Para a saúde mental, mais especificamente o transtorno depressivo, conforme algumas pesquisas sugerem, a dieta pode impactar nos mecanismos implicados no desenvolvimento da doença, como níveis inflamatórios, estresse oxidativo, neuroplasticidade, função mitocondrial, atividade de neurotransmissores e microbioma intestinal (Kris-Etherton et al., 2021; Lassale et al., 2019).

Dessa forma, a ingestão inadequada de nutrientes pode ser um fator de risco para a saúde mental. Por sua vez, uma alimentação saudável e balanceada, em especial uma dieta mediterrânea, está associada a um risco reduzido para o desenvolvimento de sintomas depressivos (Lassale et al., 2019). Esse tipo de dieta envolve o consumo de alimentos frescos e naturais, incluindo verduras, legumes, frutas, cereais integrais, leguminosas, oleaginosas, sementes, azeite de oliva, peixes e frutos do mar.

Não deixe de desfrutar bons momentos de refeições. Mas procure conciliar esses momentos prazerosos com a ingestão de alimentos saudáveis. A assistência de um profissional da área da nutrição pode ser útil para uma melhor orientação.

Sono

Cuidar da qualidade do sono pode ser uma tarefa difícil com a rotina que vivemos. Po-

EXEMPLO **CLÍNICO**

Henrique, 38 anos de idade, é um paciente com um quadro de depressão moderada. Estava com falta de energia e dificuldade para a realização de tarefas simples do cotidiano. Quando informado sobre a importância da atividade física como aliada no tratamento da depressão, mostrou-se resistente inicialmente. Após uma explicação mais detalhada, aceitou fazer pequenas tentativas. Iniciou com 10 minutos de caminhada em ritmo leve, três vezes por semana, indo de um lado ao outro em sua rua. Após duas semanas, Henrique relatou que as caminhadas o estavam ajudando a se sentir um pouco melhor e mais motivado, e que já estava fácil cumprir o combinado. Nesse momento, sentiu-se preparado para aumentar o tempo para 20 minutos e ampliar a frequência para quatro vezes por semana. Com o avanço do tratamento e a melhora gradual, o paciente passou a aumentar o tempo e a frequência das práticas, e também a variá-las, incluindo dias de pedaladas e aulas de dança de salão com a esposa.

rém, esse é um fator muito importante e determinante na nossa saúde mental, que pode ser influenciado pela adoção dos hábitos de vida saudáveis apresentados anteriormente.

O sono é responsável não apenas por repor as energias, mas também por manter em equilíbrio diversas funções do corpo. É durante o sono que o sistema imunológico se fortalece, a secreção de hormônios ocorre e diversas outras funções são realizadas no organismo. Além disso, a má qualidade do sono contribui para alterações de humor, irritabilidade, lapsos de memória, dificuldades de aprendizado e raciocínio.

O ritmo de vida atual e as exigências cotidianas têm restringido cada vez mais o tempo de sono das pessoas. O tempo considerado adequado, que contribui para maior disposição e qualidade de vida, é entre 7 e 9 horas diárias para adultos (Hirshkowitz et al., 2015). Esse número de horas pode variar de pessoa para pessoa, com base em fatores como idade, nível de atividade física, saúde e até mesmo fatores genéticos. O importante é prestar atenção aos sinais do corpo e garantir que você esteja dormindo o suficiente para se sentir capaz de realizar as atividades diárias de maneira adequada.

Procure manter horários definidos de sono, estabelecendo a hora de ir para a cama à noite e de se levantar na manhã seguinte. Crie um ambiente propício e adote práticas relaxantes antes de dormir. Confira algumas dicas para melhorar a higiene do sono:

- Dormir apenas o tempo necessário para se sentir descansado; não permanecer na cama por períodos maiores.
- Limitar o tempo na cama ao necessário para dormir; evitar usar a cama durante o dia.
- Não forçar o sono; evitar ir para a cama antes de estar sonolento; evitar sonecas durante o dia.
- Evitar usar a cama para ler, ver TV, etc.; usar a cama somente para dormir.

- Evitar uso de café, chá preto, chimarrão ou outros estimulantes, principalmente após as 16 horas.
- Evitar uso de bebidas alcoólicas, cigarros, palheiros ou outras substâncias psicoativas, principalmente perto do horário de sono.
- Evitar ingerir muita água antes de dormir; evitar deitar-se com fome ou realizar refeições muito fartas próximas ao horário de sono (um lanche leve próximo ao horário de sono pode ajudar a adormecer).
- Não olhar para o relógio quando estiver tentando dormir.
- Realizar exercícios físicos durante o dia, por pelo menos 20 minutos, regularmente; evitar atividades físicas perto do horário de sono.
- Adotar hábitos de dormir e despertar, respeitando horários regulares diariamente, inclusive nos fins de semana.
- Evitar uso de dispositivos eletrônicos que emitam luz próximo ao horário de sono; se possível, evitar focos de luz residual no ambiente de sono (telefone, televisão, ar-condicionado, etc.).
- Evitar luz clara branca ou azul à noite; preferir luz vermelha/laranja/amarela caso não possa desligar as luzes.
- Use o modo noturno para o celular e o computador, para reduzir a luz clara dos aparelhos; preferencialmente, não utilizar computador ou celular 2 horas antes de dormir.
- Expor-se à luz clara ou azul pela manhã.
- Providenciar ambiente de sono silencioso, escuro e com temperatura agradável.
- Evitar pensar na solução das suas preocupações durante o horário de sono. Se há assuntos pendentes não resolvidos,

> **LEMBRAR**
>
> O sono é extremamente importante para a saúde física e mental e não deve ser negligenciado.

EXEMPLO CLÍNICO

Margareth, 53 anos de idade, sentia-se isolada e desmotivada, sem prazer nas atividades atuais. Ao ser questionada sobre atividades prazerosas que eram realizadas no passado, ela referiu gostar muito de cozinhar e de se divertir em alguns cursos na área que havia feito anteriormente. A partir desse relato, foi combinado que a paciente iniciaria um novo curso de culinária, visando um maior contato com a área de interesse, além da possibilidade de conexão com outros alunos do curso. A experiência foi vivenciada de maneira positiva, com momentos de prazer e descontração durante a aula, além da formação de um novo grupo de amigas, com o qual passou a trocar receitas e organizar encontros semanais.

comprometa-se a pensar nisso no início do próximo dia. Uma estratégia é tomar nota para checar depois.

Lazer e relações sociais

Apesar de muitas vezes ser difícil encontrar tempo para fazer todas as atividades que gostaríamos, é indispensável que você procure um momento para realizar as atividades que considera prazerosas. Ir ao cinema, visitar museus, eventos de música, ir à praia, tocar um instrumento, pintar, passear, etc. Escolha as atividades de seu interesse e procure incluí-las ao longo da semana.

> **IMPORTANTE**
>
> O lazer desempenha um papel fundamental na saúde mental. Ele é essencial para promover momentos de relaxamento e bem-estar em meio as demandas e estressores do dia a dia.

Também reserve um tempo na sua rotina para cultivar um bom círculo social com pessoas pelas quais tenha carinho, como amigos e familiares. Você ainda pode buscar outras oportunidades de interação social, visando novas conexões. O convívio social pode ser um importante aliado no combate à depressão.

> **LEMBRAR**
>
> Dia após dia, procure criar e reforçar hábitos saudáveis. Reconheça e valorize todas as suas pequenas e grandes conquistas e pratique o autocuidado.

Referências

Hirshkowitz, M., Whiton, K., Albert, S. M., Alessi, C., Bruni, O., DonCarlos, L., ... Ware, J. C. (2015). National Sleep Foundation's updated sleep duration recommendations: Final report. *Sleep Health, 1*(4), 233-243.

Kris-Etherton, P. M., Petersen, K. S., Hibbeln, J. R., Hurley, D., Kolick, V., Peoples, S., ... Woodward-Lopez, G. (2021). Nutrition and behavioral health disorders: Depression and anxiety. *Nutrition Reviews, 79*(3):247-260.

Lassale, C., Batty, G. D., Baghdadli, A., Jacka, F., Sanchez-Villegas, A., Kivimäki, M., & Akbaraly, T. (2019). Healthy dietary indices and risk of depressive outcomes: A systematic review and meta-analysis of observational studies. *Molecular Psychiatry, 24*(7), 965-986.

World Health Organization (WHO). (2020). *WHO guidelines on physical activity and sedentary behaviour*. WHO.

EXERCÍCIO PRÁTICO

1. Escolha de um a três hábitos saudáveis que você julga ser capaz de colocar em prática nesta semana. (paginas.grupoa.com.br/vencendo-a-depressao/escolha-de-habitos-saudaveis)

2. Monte sua agenda semanal, considerando os hábitos saudáveis que você selecionou (paginas.grupoa.com.br/vencendo-a-depressao/agenda-semanal).

3. Sugerimos que mantenha a atualização dos registros diários nas planilhas de automonitoramento (paginas.grupoa.com.br/vencendo-a-depressao/planilhas-de-automonitoramento).

Capítulo 6
Terapia cognitivo-comportamental: Modelo ABC

Analise de Souza **Vivan**
Daniela Tusi **Braga**
Ives Cavalcante **Passos**

Neste capítulo, apresentamos o modelo cognitivo-comportamental da depressão. Exploramos conceitos como pensamentos e crenças, para depois entender como eles impactam nos seus comportamentos e emoções. Após, você poderá analisar esses conceitos de maneira prática, identificando e anotando suas experiências por meio do "Registro ABC". Além disso, é importante continuar realizando as tarefas já propostas em capítulos anteriores, incluindo o preenchimento da planilha de automonitoramento, a manutenção dos hábitos saudáveis e o uso da agenda semanal.

A terapia cognitivo-comportamental

"As pessoas se perturbam mais com o que pensam sobre as coisas do que com as coisas em si."
Epitectus, 70 a.C.

A terapia cognitivo-comportamental (TCC) pressupõe que os pensamentos influenciam nossas emoções e nossos comportamentos. O termo "cognitivo" tem como origem a palavra *cognoscere*, do latim, que significa conhecer. Refere-se aos processos mentais envolvidos no conhecimento – percepção, atenção, memória, interpretação, raciocínio lógico, julgamento –, além de habilidades como a capacidade de planejar uma atividade ou solucionar um problema. A expressão "terapia cognitiva" refere-se a um conjunto de técnicas, baseadas nas teorias cognitivas, que nos auxiliam na correção de pensamentos e crenças distorcidos e que podem estar envolvidos na origem e manutenção dos sintomas depressivos.

Vamos compreender alguns dos conceitos e fundamentos envolvidos nessa abordagem. Com o aprendizado de estratégias para a

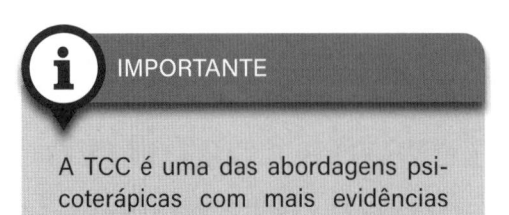

> **IMPORTANTE**
>
> A TCC é uma das abordagens psicoterápicas com mais evidências científicas para o tratamento da depressão (Cuijpers et al., 2021, 2023; López-López et al., 2019).

correção de pensamentos, aliado a mudanças de comportamentos, você estará no caminho para vencer a depressão.

Pensamentos

Pensamentos, para a psicologia cognitiva, referem-se à maneira como as pessoas representam, mentalmente, as experiências. Muitas vezes, os pensamentos surgem após um processo de observação e análise de uma determinada situação. No entanto, em outras, eles acontecem de maneira automática, com base em nossas crenças. Esses pensamentos, que surgem espontaneamente em nossa cabeça, sem que seja necessário fazer esforço para sua elaboração, são chamados de pensamentos automáticos.

Em nosso esquema cognitivo, os **pensamentos automáticos** encontram-se no nível mais superficial da consciência, portanto são mais fáceis de serem acessados. Além deles, temos também as crenças intermediárias e, em um nível mais profundo e enraizado, estão as chamadas crenças centrais (**Fig. 6.1**).

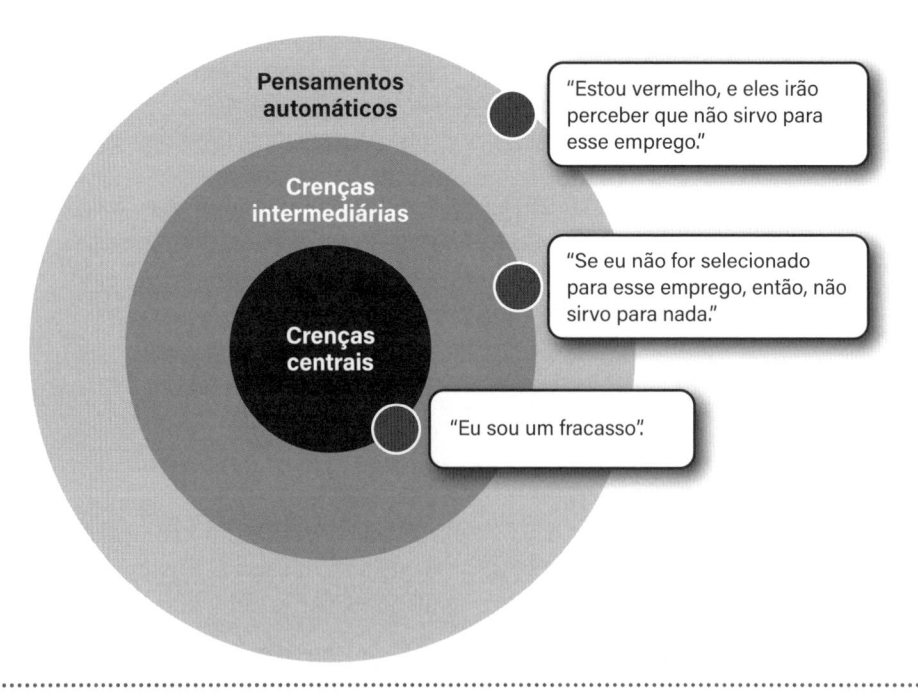

Figura 6.1
Esquema mental exemplificado.

Crenças

As crenças são formadas, em grande parte, na infância. Também, experiências ao longo da vida, sobretudo se forem emocionalmente muito intensas, como traumas, podem contribuir para a sua formação. Com o passar do tempo, elas acabam sendo reforçadas por situações significativas vivenciadas e por pessoas relevantes e de valor (como pais, demais familiares, professores, colegas, etc.).

As **crenças centrais** (também chamadas de crenças nucleares) são globais e supergeneralizadas. A pessoa tende a assumir essas crenças como se fossem verdades absolutas. Elas se manifestam por meio da chamada "tríade cognitiva", que envolve a visão de si mesmo, do mundo e do futuro. Na depressão, a tríade cognitiva tende a ser negativa (conforme abordado no Cap. 2).

Veja alguns exemplos de crenças relacionadas à tríade cognitiva:

- **Visão negativa de si**: "Sou incapaz", "sou desinteressante", "não tenho valor".
- **Visão negativa do mundo**: "O mundo é exigente", "as pessoas não gostam de mim", "as pessoas irão me magoar".
- **Visão negativa do futuro**: "As coisas nunca vão mudar", "o futuro será péssimo", "nunca serei feliz".

As **crenças intermediárias** são representadas por atitudes, regras e suposições que influenciam na avaliação das diferentes situações e no nosso comportamento ante elas, estando diretamente relacionadas com as crenças centrais. Por exemplo, alguém com uma crença central de "sou incompetente" pode apresentar crenças intermediárias como:

- "É horrível ser incompetente" em forma de atitude, com afirmações a respeito de como as coisas são;
- "Eu devo estudar muito para conseguir compreender qualquer coisa" (em forma de regra, ou também conhecida como "deveria", em que a pessoa acredita que deve ou "tem que" se comportar de uma determinada maneira);
- "Se eu estudar o máximo possível, então posso ter algum sucesso" (em forma de suposição, representada pela expressão "se... então...").

Você sabia que o que você pensa pode influenciar seu comportamento e suas emoções?

Os pensamentos automáticos surgem espontaneamente em nossa cabeça, sem que seja necessário fazer esforço para sua elaboração. Eles são baseados em nosso conjunto de crenças, que foram sendo reforçadas ao longo da vida e que nem sempre são crenças realistas, apoiadas em evidências. Da mesma forma, os pensamentos que surgem com base nessas crenças também podem não ser realistas – são os chamados pensamentos disfuncionais.

Para exemplificar, imagine duas pessoas que ligam para um amigo e não têm sua ligação atendida. Observe os diferentes pensamentos a respeito da mesma situação:

- Pessoa A: "Ele não atendeu porque deve estar ocupado ou não escutou o celular tocar".
- Pessoa B: "Ele não atendeu porque não gosta de mim, não quer falar comigo".

No exemplo da pessoa B, um erro de pensamento (distorção cognitiva) pode estar acontecendo, na medida em que uma determinada situação está sendo avaliada de maneira exagerada ou irracional, com base apenas no fato de o amigo não ter atendido a ligação. O conceito de distorções cognitivas também foi abordado no Capítulo 2. Não deixe de reler o conteúdo se tiver qualquer dúvida.

Agora veja, na **Figura 6.2**, como esse pensamento disfuncional pode interferir nas emoções, nos comportamentos e nas reações fisiológicas. Para efeitos didáticos, vamos utilizar o modelo ABC, proposto pelo psicólogo americano Albert Ellis.

A identificação dos pensamentos disfuncionais ou crenças que estão por trás dos seus comportamentos é um importante passo para trabalharmos na chamada reestruturação cognitiva. A **reestruturação cognitiva** consiste na modificação desse esquema mental disfuncional para outro baseado em evidências.

Por onde começar?

O primeiro passo para avançarmos no processo de reestruturação cognitiva consiste em, antes de tudo, aprender a identificar os pensamentos automáticos que passam em sua cabeça. Esses pensamentos fazem parte do nível mais superficial de cognição, portanto, são mais fáceis de serem acessados. Na maior parte do tempo, você não está ciente desses pensamentos, mas, com um pouco de treino, é possível trazê-los à consciência.

Os pensamentos automáticos podem ser funcionais ou não. Para lidar com os sintomas depressivos, o foco será identificar aqueles pensamentos disfuncionais, ou seja, que não são realistas e estão por trás de emoções, comportamentos e reações fisiológicas indesejados. Para isso, você pode ficar atento às emoções perturbadoras que sentir, como tristeza, raiva, culpa, vergonha, e se perguntar: "O que está passando pela minha cabeça nesse momento?".

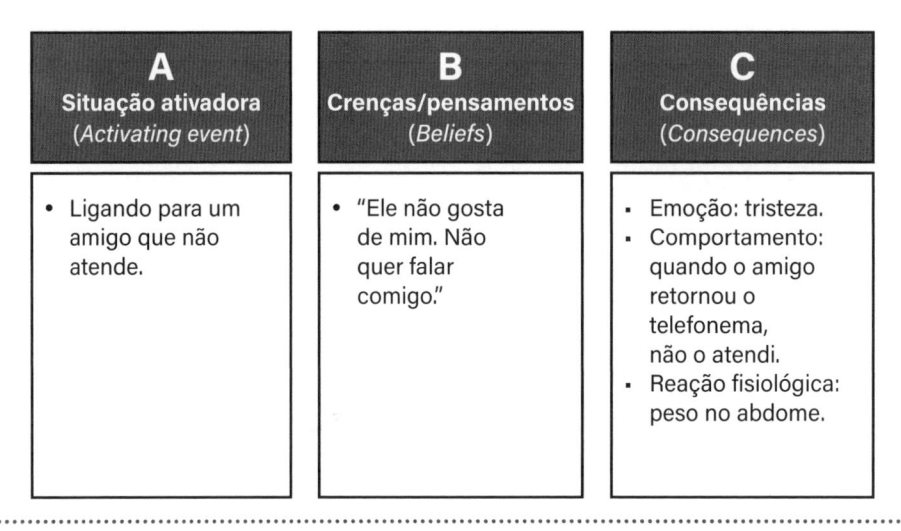

A Situação ativadora (*Activating event*)	B Crenças/pensamentos (*Beliefs*)	C Consequências (*Consequences*)
• Ligando para um amigo que não atende.	• "Ele não gosta de mim. Não quer falar comigo."	• Emoção: tristeza. • Comportamento: quando o amigo retornou o telefonema, não o atendi. • Reação fisiológica: peso no abdome.

Figura 6.2
Modelo ABC na terapia cognitivo-comportamental.

LEMBRAR

Emoções perturbadoras nem sempre estão relacionadas a pensamentos disfuncionais. É importante identificar os pensamentos para, então, avaliar se eles estão baseados em evidências ou não.

Referências

Cuijpers, P., Miguel, C., Harrer, M., Plessen, C. Y., Ciharova, M., Ebert, D., & Karyotaki, E. (2023). Cognitive behavior therapy vs. control conditions, other psychotherapies, pharmacotherapies and combined treatment for depression: A comprehensive meta-analysis including 409 trials with 52,702 patients. *World Psychiatry, 22*(1), 105-115.

Cuijpers, P., Quero, S., Noma, H., Ciharova, M., Miguel, C., Karyotaki, E., ... Furukawa, T. A. (2021). Psychotherapies for depression: A network meta-analysis covering efficacy, acceptability and long-term outcomes of all main treatment types. *World Psychiatry, 20*(2), 283-293.

López-López, J. A., Davies, S. R., Caldwell, D. M., Churchill, R., Peters, T. J., Tallon, D., ... Welton, N. J. (2019). The process and delivery of CBT for depression in adults: A systematic review and network meta-analysis. *Psychological Medicine, 49*(12), 1937-1947.

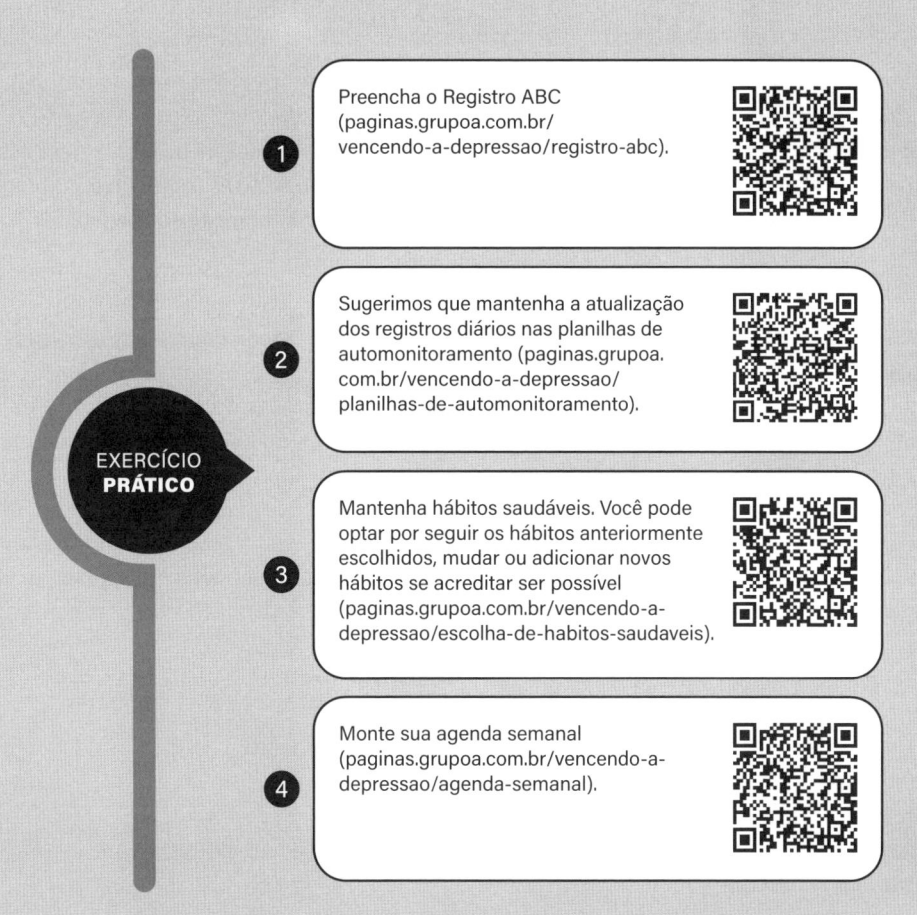

EXERCÍCIO PRÁTICO

1. Preencha o Registro ABC (paginas.grupoa.com.br/vencendo-a-depressao/registro-abc).

2. Sugerimos que mantenha a atualização dos registros diários nas planilhas de automonitoramento (paginas.grupoa.com.br/vencendo-a-depressao/planilhas-de-automonitoramento).

3. Mantenha hábitos saudáveis. Você pode optar por seguir os hábitos anteriormente escolhidos, mudar ou adicionar novos hábitos se acreditar ser possível (paginas.grupoa.com.br/vencendo-a-depressao/escolha-de-habitos-saudaveis).

4. Monte sua agenda semanal (paginas.grupoa.com.br/vencendo-a-depressao/agenda-semanal).

Capítulo **7**

Terapia cognitivo-comportamental: Modelo ABCDE

Analise de Souza **Vivan**
Daniela Tusi **Braga**
Ives Cavalcante **Passos**

Neste capítulo, abordamos o conceito de reestruturação cognitiva. Você será estimulado a considerar seus pensamentos como hipóteses, e não como verdades absolutas e, a partir dessa perspectiva, buscar evidências que sustentem ou não suas crenças. Você irá treinar esses conceitos por meio de um exercício prático chamado "Registro ABCDE", além de seguir realizando as tarefas já praticadas anteriormente, para reforço e manutenção dos benefícios.

Reestruturação cognitiva

"O segredo da mudança é concentrar toda a sua energia não na luta contra o velho, mas na construção do novo."
Sócrates

Agora que você já aprendeu a identificar seus pensamentos, iremos avançar para o que chamamos de reestruturação cognitiva.

Como já abordado no Capítulo 6, nossas crenças são formadas ao longo da vida, especialmente nos anos iniciais. No entanto, apesar de a infância e a adolescência serem uma época importante para a formação dessas crenças, a boa notícia é que a reestruturação cognitiva pode acontecer ao longo de toda a vida. Ou seja, se você identificar pensamentos disfuncionais e, consequentemente, perceber a presença dessas crenças, uma forma de lidar é tratando esses pensamentos como hipóteses, e não como uma verdade absoluta, procurando avaliar as evidências que apoiam ou não o que passou em sua mente.

Até esse momento, você já aprendeu o modelo ABC, em que:

- A: situação ativadora;
- B: pensamentos ou crenças;

- C: consequências (emocionais, comportamentais e fisiológicas).

Agora, vamos aprender a etapa na qual começamos a corrigir os pensamentos ou crenças, evoluindo para o modelo ABCDE, em que D se refere a "**Debate**", e E, a "**Efeito**".

Questionando seus pensamentos

Na coluna D, você avaliará se seus pensamentos (registrados na coluna B) são ou não racionais.

Para isso, você irá questionar seus pensamentos. Veja um exemplo na **Figura. 7.1**.

Ao observar o registro ABC apresentado, podemos notar que foram identificados dois pensamentos ("Nunca vou conseguir passar" e "Sou burro"). Quando você identificar mais de um pensamento relacionado com uma mesma situação, procure avaliar qual pensamento está contribuindo mais para o seu desconforto, ou seja, o que costumamos chamar de "pensamento quente".

No caso apresentado, vamos assumir que o pensamento "Sou burro" seja o pensamento quente. A partir dessa etapa, iniciaremos o debate, questionando esse pensamento.

Para ajudá-lo a questionar seus pensamentos, propomos que identifique a distorção cognitiva associada a ele. Você já aprendeu sobre isso no Capítulo 2 e poderá relembrar e ver alguns exemplos nas páginas 11 e 12. No exemplo em que estamos trabalhando, o pensamento "Sou burro" faz parte da distorção cognitiva chamada de rotulação.

De acordo com a distorção cognitiva identificada, você poderá realizar os questionamentos que constam no **Quadro 7.1**. A ideia é que você possa fazer uma análise racional dos seus pensamentos, verificar a veracidade deles e buscar pensamentos alternativos mais racionais.

Pensamentos alternativos

Por fim, no espaço destinado ao efeito (coluna E), você irá registrar seu pensamento

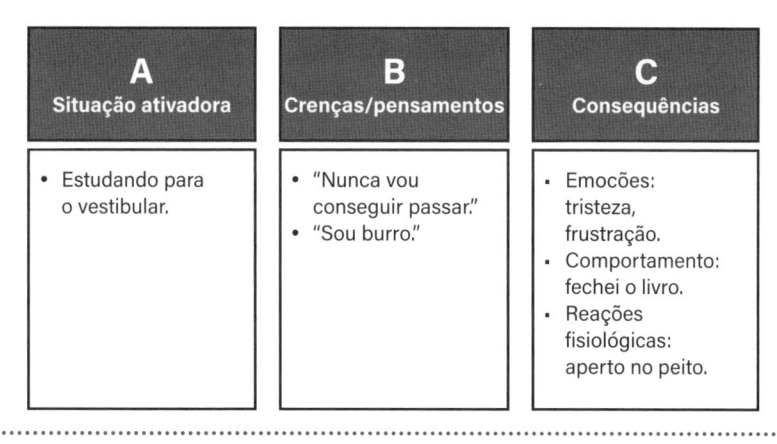

A Situação ativadora	B Crenças/pensamentos	C Consequências
• Estudando para o vestibular.	• "Nunca vou conseguir passar." • "Sou burro."	• Emoções: tristeza, frustração. • Comportamento: fechei o livro. • Reações fisiológicas: aperto no peito.

Figura 7.1
Registro ABC.

Quadro 7.1
Distorções cognitivas e questionamentos

Distorção cognitiva (com exemplo)	Questionamentos
Regras ("Tenho que apresentar um bom desempenho nas reuniões da empresa.")	• Se você mantiver esse pensamento, aonde isso o leva? • Isso ajuda ou impede o avanço e a realização dos seus objetivos? • O que define que isso é um "dever"? Existe alguma lei? • Será que você de fato "deve" (...) ou gostaria (...)?
Catastrofização ("Não posso suportar o término do meu relacionamento.")	• Que evidências você tem para manter esse pensamento? E que evidências tem contra esse pensamento? • Isso é realmente horrível? Ou é uma situação ruim, mas passageira? • Como você estaria em relação a esse evento daqui a uma semana, um mês, um ano? Se um evento realmente é catastrófico, ele terá consequências catastróficas ao longo do tempo. • Você já passou por alguma experiência parecida no passado? O que você fez? Como conseguiu enfrentar a situação? • E se o pior acontecer, você ou o outro sobreviverá? Como poderá lidar com a situação?
Rotulação ("Sou incompetente.")	• Qual o significado de (...) (característica que você utilizou na rotulação, p. ex.: incompetente)? Qual a definição no dicionário dessa característica? • Você acha que esse conceito define você ou o outro por completo? • Que experiências na sua vida você tem que são contrárias a esse conceito? • Existe alguma maneira mais realista de definir a experiência?
Leitura mental ("Ele[a] está me achando um[a] idiota.")	• Que evidências você tem de que o outro está pensando isso a seu respeito? • Você tem alguma evidência de que é capaz de ler o pensamento das pessoas? • Existe a chance de o outro estar pensando algo diferente a seu respeito? Talvez algo positivo?
Desqualificação do positivo ("Não foi nada de especial, qualquer um poderia fazer o que fiz, ele[a] disse isso só para me agradar.")	• Se um amigo seu passasse por essa mesma experiência, como você acha que ele avaliaria a situação? • Você acha que ele se sentiria valorizado? Iria comemorar o acontecido? • E se alguém próximo passasse por essa situação, o que você diria a essa pessoa? Você elogiaria?

→

Quadro 7.1
Distorções cognitivas e questionamentos

Distorção cognitiva (com exemplo)	Questionamentos
Personalização ("Ele[a] foi rude comigo porque eu fiz alguma coisa errada.")	• Que evidências você tem de que foi responsável por tal experiência? • E que evidências tem de não ter sido responsável? • Quais outros fatores (não relacionados a você) poderiam ter interferido na situação? • Pense em um amigo que você admira e se questione se ele teria avaliado o evento da mesma forma que você avaliou.
Tudo ou nada ("Não resisti àquele doce, então vou desistir da dieta.")	• Que evidências você tem de que falhar ou acertar parcialmente o define como um completo fracasso? • Você conseguiria definir o quanto, em porcentagem, você falhou ou acertou? • E se você tentasse avaliar o seu desempenho não apenas em duas categorias opostas (p. ex., fracasso e sucesso), e sim ao longo de um *continuum*, de maneira gradativa?
Adivinhação do futuro ("A festa vai estar horrível.")	• Que evidências você tem de que o que está prevendo vai acontecer? E quais as evidências contrárias? • É possível prever o futuro? • Você considera a possibilidade de que o cenário possa vir a ser diferente ou mesmo positivo?
Nenhuma das anteriores (Caso você não consiga classificar seu pensamento em nenhuma distorção apresentada neste quadro.)	• Que evidências tenho para manter esse pensamento? E que evidências tenho contra esse pensamento? • Quais os benefícios em manter esse padrão de pensamento? E quais os prejuízos?

alternativo, isto é, aquele que você conseguiu elaborar após a fase do debate. O pensamento alternativo é uma afirmação racional, baseada em uma avaliação realista das experiências de vida.

Verifique como ficou o registro da situação que estamos usando como exemplo na **Figura 7.2**.

Nesse exemplo, observe como o pensamento alternativo elaborado (E) é mais realista do que o pensamento disfuncional original (B). O pensamento alternativo tem mais validade e utilidade, ajudando a diminuir a intensidade das emoções perturbadoras.

Para que você, efetivamente, se beneficie desse exercício, é importante que pratique repetidamente. Inicialmente, é importante que os registros sejam feitos por escrito, para que você compreenda o modelo. Assim que você estiver dominando os conceitos e tendo facilidade na identificação e questionamento dos seus pensamentos, irá

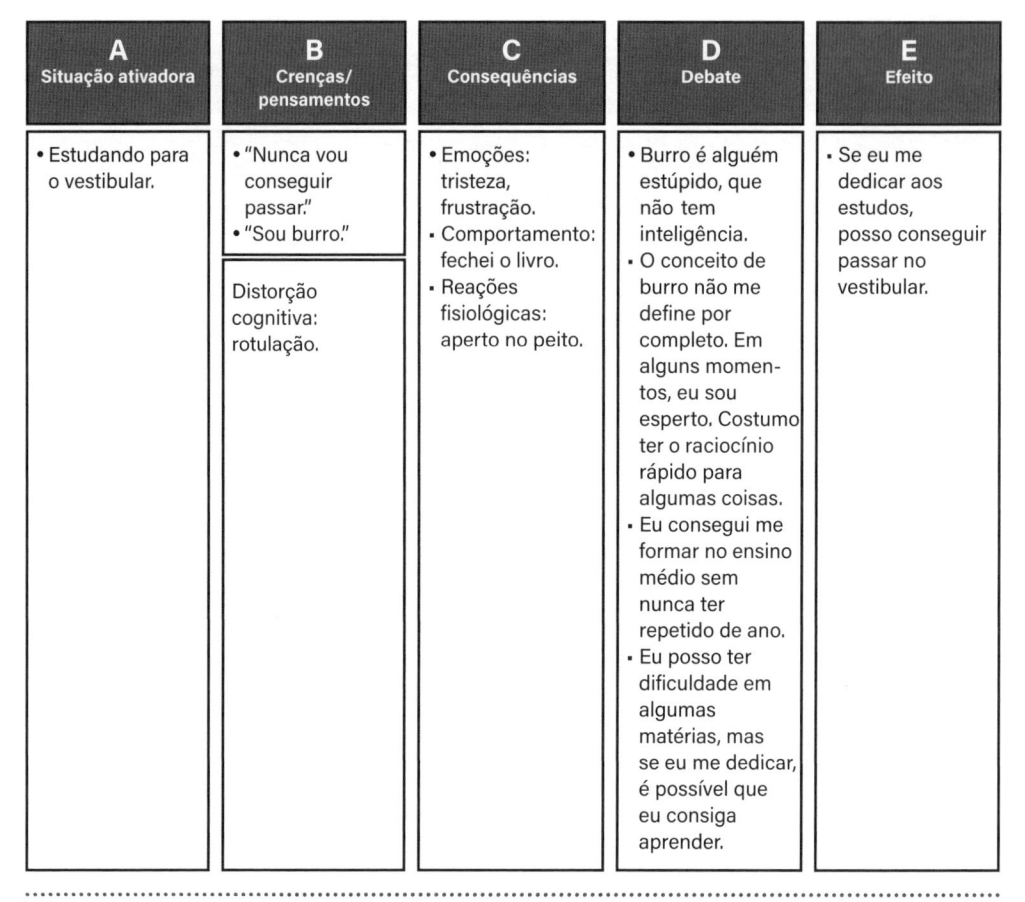

A Situação ativadora	B Crenças/pensamentos	C Consequências	D Debate	E Efeito
• Estudando para o vestibular.	• "Nunca vou conseguir passar." • "Sou burro." Distorção cognitiva: rotulação.	• Emoções: tristeza, frustração. • Comportamento: fechei o livro. • Reações fisiológicas: aperto no peito.	• Burro é alguém estúpido, que não tem inteligência. • O conceito de burro não me define por completo. Em alguns momentos, eu sou esperto. Costumo ter o raciocínio rápido para algumas coisas. • Eu consegui me formar no ensino médio sem nunca ter repetido de ano. • Eu posso ter dificuldade em algumas matérias, mas se eu me dedicar, é possível que eu consiga aprender.	• Se eu me dedicar aos estudos, posso conseguir passar no vestibular.

Figura 7.2
Registro ABCDE.

notar que pode realizar isso de maneira automática, na medida em que for experienciando diferentes situações no seu dia a dia.

Além disso, é importante que as afirmações racionais elaboradas sejam reforçadas para que, gradativamente, ocupem o espaço dos pensamentos disfuncionais. Para isso, sugerimos que você leia o pensamento alternativo por três minutos, todos os dias.

Com a realização desse exercício, você começará a tornar automática uma maneira de pensar mais funcional. Dessa forma, passará a sentir emoções saudáveis e seus comportamentos serão funcionais e proporcionais às suas experiências.

E, então? Preparado para identificar, registrar e modificar seus pensamentos?

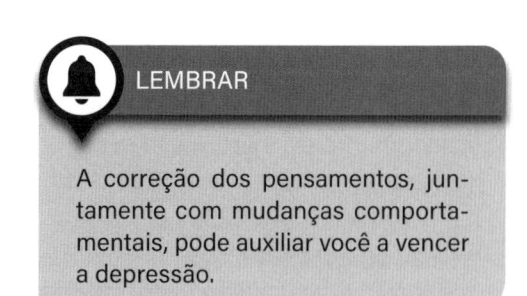

LEMBRAR

A correção dos pensamentos, juntamente com mudanças comportamentais, pode auxiliar você a vencer a depressão.

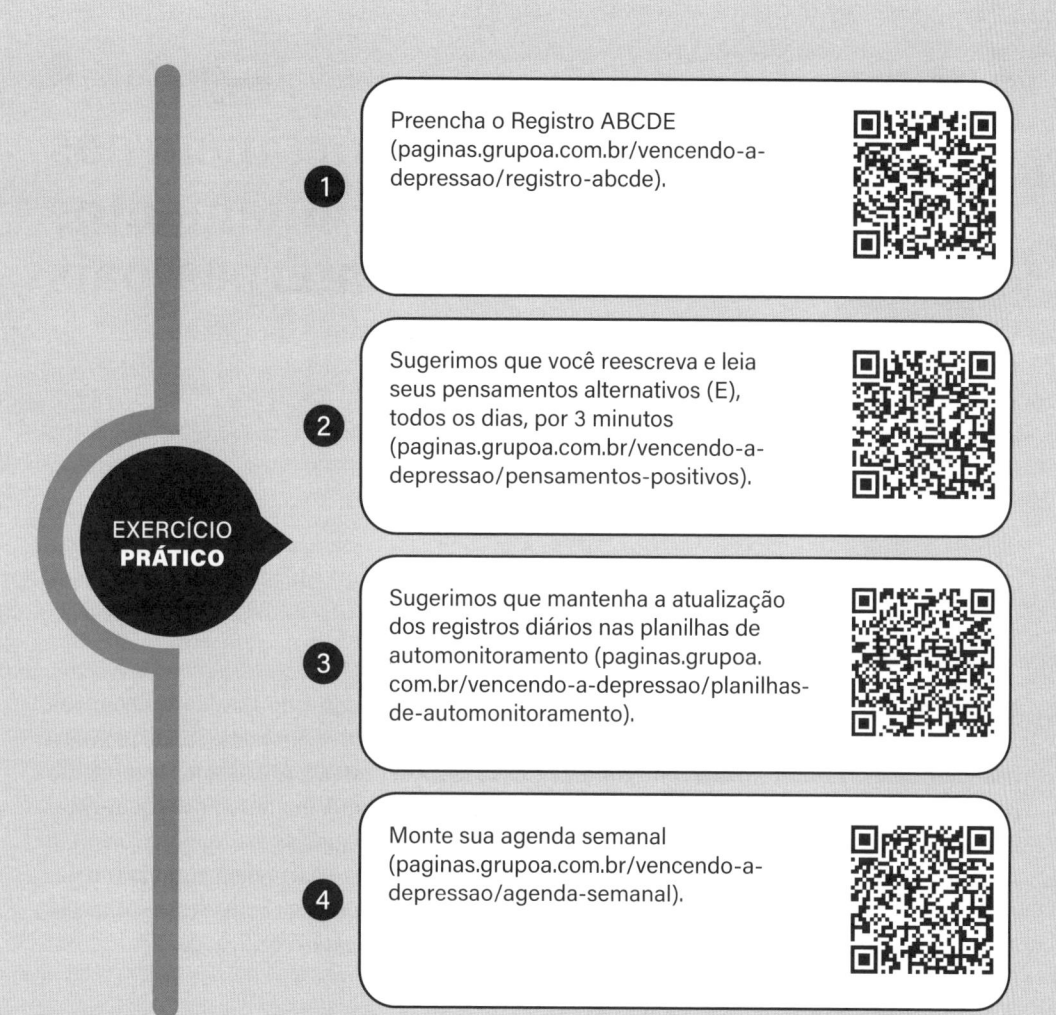

EXERCÍCIO PRÁTICO

1. Preencha o Registro ABCDE (paginas.grupoa.com.br/vencendo-a-depressao/registro-abcde).

2. Sugerimos que você reescreva e leia seus pensamentos alternativos (E), todos os dias, por 3 minutos (paginas.grupoa.com.br/vencendo-a-depressao/pensamentos-positivos).

3. Sugerimos que mantenha a atualização dos registros diários nas planilhas de automonitoramento (paginas.grupoa.com.br/vencendo-a-depressao/planilhas-de-automonitoramento).

4. Monte sua agenda semanal (paginas.grupoa.com.br/vencendo-a-depressao/agenda-semanal).

Capítulo **8**

A importância dos relacionamentos interpessoais

Daniela Tusi **Braga**
Analise de Souza **Vivan**
Kyara Rodrigues de **Aguiar**
Ives Cavalcante **Passos**

Neste capítulo, vamos salientar a relevância dos relacionamentos interpessoais no combate à depressão. Nossas conexões sociais têm um impacto significativo em nossa saúde mental e podem influenciar diretamente o surgimento e o curso da depressão. Abordamos como tanto os aspectos positivos quanto os negativos das relações sociais podem afetar nosso bem-estar e destacamos a importância de investir em relacionamentos de qualidade e apoio emocional. Ao longo do capítulo, discutimos como a solidão e o isolamento social podem aumentar o risco de depressão, e como ter relacionamentos positivos pode ser protetor contra essa condição. Ao concluir este capítulo, convidamos você a participar de práticas específicas para fortalecer seus relacionamentos interpessoais e seguir seu desenvolvimento.

Relacionamentos interpessoais

"Tudo que é necessário lembrar, conscientemente, é que precisamos incluir os outros em nossa realidade."
Shawn Achor

Você sabia que a sensação de estar conectado com as pessoas é uma forte aliada no enfrentamento da depressão e dos sintomas ansiosos? Além disso, o estabelecimento de interações sociais satisfatórias estimula a sensação de ter suporte na vida, assim como se sentir escutado e compreendido, fazendo com que o sujeito desenvolva um sentimento de pertencimento ao meio social do qual faz parte. As relações sociais, ou seja, como nos conectamos e interagimos com outras pessoas, têm um impacto significativo na nossa saúde mental, especialmente na depressão. Quando nossos relacionamentos são de qualidade ruim, isso aumenta o risco de desenvolver depressão. Da mesma forma, ter pouco apoio ou problemas com pessoas próximas, como cônjuge ou parceiro, também pode contribuir para a depressão (Teo et al., 2013).

A ausência de vínculos sociais significativos está associada a problemas de sono, solidão, depressão e ansiedade. Por outro lado, ter relacionamentos positivos e de apoio é benéfico para nossa saúde mental. Isso significa que, se investirmos em melhorar nossas relações sociais, podemos ajudar a prevenir ou tratar a depressão (Cacioppo & Patrick, 2008; Teo et al., 2013). Portanto, é importante prestar atenção em nossos relacionamentos e buscar apoio de pessoas que nos fazem bem.

> Se você está passando por momentos difíceis, pode ser útil conversar com um terapeuta ou participar de terapias que focam em melhorar as relações com outras pessoas para ajudar a lidar com a depressão.

Quando as pessoas estão passando por um episódio depressivo e/ou ansioso, tendem a se isolar em função de características comuns da doença, tais como falta de ânimo, desesperança, evitação e crenças disfuncionais acerca de si, do outro e do mundo. A solidão e o isolamento social estão intimamente ligados ao risco de depressão. A solidão pode ser descrita como uma sensação de desconexão emocional e social, mesmo que se esteja rodeado por outras pessoas, enquanto o isolamento social é caracterizado por ter poucas ou nenhuma interação social significativa. Estudos científicos têm demonstrado consistentemente a associação entre solidão, isolamento social e depressão. A falta de conexões sociais adequadas pode levar a uma série de consequências negativas para a saúde mental.

> **IMPORTANTE**
>
> A solidão crônica tem sido associada ao aumento do risco de desenvolvimento de depressão e ansiedade, bem como a uma maior gravidade e duração dos episódios depressivos (Cacioppo & Patrick, 2008; Heinrich & Gullone, 2006).

Por sua vez, ter relacionamentos positivos e apoio social adequado pode ser um fator protetor contra a depressão. O apoio emocional e prático de amigos, familiares ou outras pessoas próximas pode ajudar a reduzir os níveis de estresse e proporcionar um senso de pertencimento e significado, contribuindo para a resiliência emocional. Pesquisas mostram que pessoas com redes sociais de apoio mais robustas tendem a apresentar menor risco de depressão (House et al., 1988). Além disso, relacionamentos positivos podem fornecer recursos psicológicos para enfrentar desafios e adversidades, oferecer suporte em momentos difíceis e promover comportamentos saudáveis que são benéficos para a saúde mental. Interações sociais positivas também podem proporcionar uma sensação de bem-estar e satisfação, contribuindo para um melhor ajuste emocional (Holt-Lunstad et al., 2010).

Por isso, é de extrema importância você investir em relacionamentos de qualidade. Vamos trabalhar neste capítulo com algumas dicas para você desenvolver e manter amizades. Para isso, primeiro vamos pen-

EXEMPLO **CLÍNICO**

"Sou João, um homem de 35 anos e professor de música em uma escola da minha cidade. Sempre fui conhecido pelos meus colegas como alguém simpático, otimista e de convivência leve. Na escola, sou um colega querido por todos, sempre disposto a ajudar em qualquer situação, compartilhando meu conhecimento musical e oferecendo conselhos quando necessário. Meus alunos também me veem como um professor dedicado e paciente, e buscam minha orientação não apenas em questões acadêmicas, mas também em suas vidas pessoais. Ser bom ouvinte é uma característica que levo a sério, e me esforço para estar presente e apoiar meus amigos em todos os momentos, celebrando suas conquistas e oferecendo conforto em tempos difíceis. Para mim, a lealdade e a amizade são valores essenciais, e faço questão de cultivar e manter as relações que são importantes para mim, tornando minha presença agradável e significativa para todos ao meu redor."

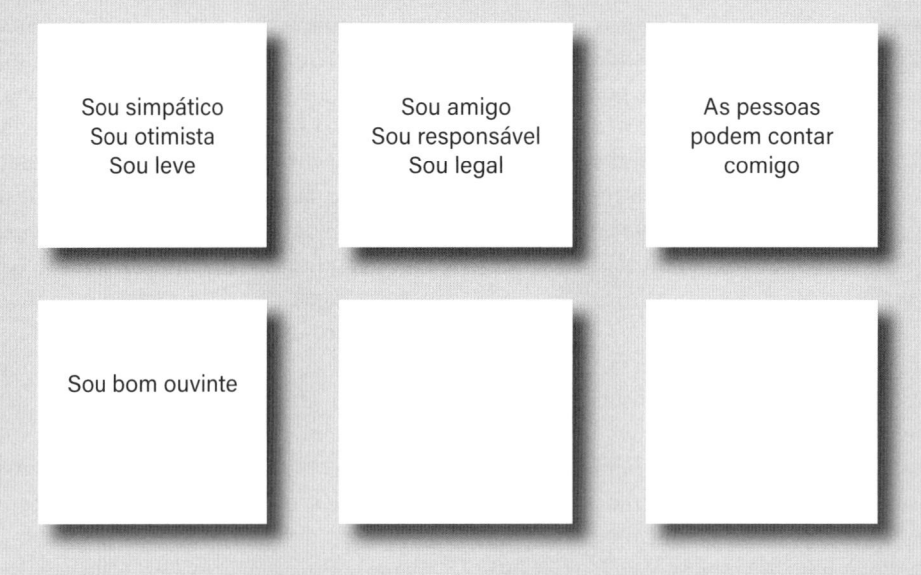

Sou simpático Sou otimista Sou leve	Sou amigo Sou responsável Sou legal	As pessoas podem contar comigo
Sou bom ouvinte		

Sugerimos que você busque no nosso *site* o arquivo "Trabalhando com minhas características sociais" e o responda por escrito. (paginas.grupoa.com.br/vencendo-a-depressao/trabalhando-com-minhas-caracteristicas-sociais) sar juntos nas suas características fortes, nas suas qualidades. Por que as pessoas se aproximam, procuram e gostam de estar perto de você? Observe o relato do João, no exemplo clínico, e escreva o que torna você uma pessoa interessante para conhecer e conviver.

Você sabia que a postura e a expressão corporal desempenham um papel fundamental em nossos relacionamentos interpessoais?

As posturas e expressões corporais são elementos essenciais da comunicação não verbal. Estudos científicos têm demonstrado que a linguagem corporal é uma forma poderosa de transmitir emoções, intenções e atitudes, muitas vezes até de modo mais impactante do que as palavras. Um estudo clássico realizado por Albert Mehrabian, em 1969, explorou a importância relativa de três componentes da comunicação: palavras, tom de voz e linguagem corporal. Os resultados revelaram que, em contextos ambíguos ou contraditórios, a linguagem corporal e o tom de voz tiveram um peso muito maior na transmissão de emoções e atitudes do que as palavras em si (Mehrabian, 1969).

A forma como nos posicionamos, nossos gestos, olhares, sorrisos e movimentos têm um impacto importante na nossa relação com os outros. A linguagem corporal desempenha um papel crucial na maneira como somos percebidos pelas pessoas ao nosso redor e pode afetar diretamente o nível de confiança, simpatia e empatia que os outros sentem por nós. Além disso, a maneira como nos portamos pode dar pistas valiosas sobre nossas emoções e necessidades, permitindo que os outros nos compreendam melhor. Isso é especialmente relevante em situações sociais e profissionais, nas quais a habilidade de se colocar no lugar do outro e demonstrar empatia é essencial para construir relacionamentos saudáveis e produtivos.

> **IMPORTANTE**
>
> Entender e ser consciente dos sinais da linguagem corporal pode melhorar a qualidade de nossas interações sociais e a forma como nos conectamos com as pessoas.

Veja estas dicas sobre postura e expressão corporal:

- Sorria: o sorriso indica que você está aberto para interagir socialmente.
- Olhe nos olhos: esta atitude mantém você conectado e mostra interesse pelo outro.
- Saia de casa sentindo-se satisfeito com a sua imagem. Use roupas que façam você se sentir melhor.
- Invista no contato físico: aperto de mão e abraços são, geralmente, bem-vindos.
- Mantenha sua postura ereta, confiante, olhando para a frente. Evite baixar a cabeça ou olhar para baixo.

A importância de manter as amizades e investir nos relacionamentos

Você sabia que os relacionamentos maduros e confiáveis estão associados à felicidade? Interações positivas com amigos, familiares e colegas, que incluem empatia recíproca, afeto e intimidade, é um dos fatores associados à felicidade.

EXEMPLO **CLÍNICO**

"Meu nome é Maria e tenho 35 anos. Ao longo dos anos, tive o privilégio de vivenciar diversas experiências que moldaram a pessoa que sou hoje. Sou uma pessoa extrovertida e sempre gostei de fazer novas amizades, mas aprendi que apenas iniciar conexões não é suficiente para cultivar relacionamentos significativos e duradouros. No passado, eu costumava ser mais superficial nas minhas interações sociais, talvez por medo de me abrir completamente para as pessoas. Por muito tempo, eu não notava que essa abordagem estava afetando minhas amizades. Foi quando percebi que algumas amizades que eu pensava serem sólidas acabavam se afastando com o tempo. Isso me deixou um pouco triste e me fez refletir sobre o que eu poderia fazer para melhorar minhas relações interpessoais. Foi um processo de autoconhecimento e crescimento pessoal. Aprendi que investir em amizades requer esforço genuíno e autêntico. Decidi dar um passo adiante e começar a me esforçar para construir conexões mais profundas com as pessoas ao meu redor. Com o tempo, aprendi que a comunicação aberta e sincera é fundamental para fortalecer os laços de amizade. Comecei a compartilhar mais sobre mim mesma, minhas experiências e emoções, e percebi que isso abria espaço para que meus amigos também se abrissem comigo. A empatia desempenhou um papel importante nesse processo, pois comecei a entender melhor as perspectivas e sentimentos dos meus amigos, o que nos aproximou ainda mais. Descobri que estar presente e oferecer apoio incondicional era crucial para manter amizades sólidas, assim como diminuir as expectativas que eu depositava neles. Quando meus amigos enfrentavam momentos difíceis, eu estava lá para eles, oferecendo meu ombro e ouvidos atentos, mas sem cobranças. Essa troca mútua de suporte fortaleceu nossos vínculos emocionais. Também aprendi a valorizar as diferenças entre mim e meus amigos. Aprendi que é normal termos opiniões divergentes e que isso não precisa afetar nossa amizade. Ao contrário, respeitar e aceitar essas diferenças tornou nossas amizades mais ricas e interessantes. Investir em atividades compartilhadas também foi uma descoberta importante. Ao fazer coisas que todos nós gostávamos, criamos momentos de diversão e alegria que tornaram nossas vidas mais leves. Manter o contato regularmente também se tornou uma prioridade para mim. Mesmo que fossem apenas mensagens rápidas, percebi que isso mostrava aos meus amigos que eu valorizava a presença deles em minha vida. Hoje, tenho amizades verdadeiras e significativas em minha vida, e sou grata por cada uma delas. Entendo que a jornada de aprendizado sobre como investir e manter amizades continua, e estou disposta a crescer ainda mais nessa área. Afinal, ter amigos verdadeiros é um dos maiores tesouros da vida, e pretendo nutrir essas preciosas relações da melhor forma possível."

> **LEMBRAR**
>
> Algumas pessoas não estão prontas para interagir socialmente, e isso não é problema seu. Respeite e procure interagir com aquelas que estão abertas para se relacionar.

> **LEMBRAR**
>
> A única maneira de ter bons amigos é sendo amigo.

O estudo mais longo sobre felicidade, até o momento, desenvolvido pelo pesquisador Robert Waldinger, conclui que o que nos faz feliz não é fama, dinheiro, inteligência, trabalho. Segundo Robert (2015), "as boas relações mantêm-nos mais felizes. Ponto final". Está bem documentado, segundo esse estudo, que o importante para nos mantermos felizes e saudáveis ao longo da vida é a qualidade dos nossos relacionamentos.

Você já parou para pensar sobre quais atitudes adota para manter as suas amizades?

Referências

Cacioppo, J. T., & Patrick, W. (2008). *Loneliness: Human nature and the need for social connection*. WW Norton.

Heinrich, L. M., & Gullone, E. (2006). The clinical significance of loneliness: A literature review. *Clinical Psychology Review, 26*(6), 695-718.

Holt-Lunstad, J., Smith, T. B., & Layton, J. B. (2010). Social relationships and mortality risk: A meta-analytic review. *PLoS Medicine, 7*(7), e1000316.

House, J. S., Landis, K. R., & Umberson, D. (1988). Social relationships and health. *Science, 241*(4865), 540-545.

Mehrabian, A. (1969). Significance of posture and position in the communication of attitude and status relationships. *Psychological Bulletin, 71*(5), 359-372.

Teo, A. R., Choi, H., & Valenstein, M. (2013). Social relationships and depression: Ten-year follow-up from a nationally representative study. *PLoS ONE, 8*(4), e62396.

Waldinger, R. (2015). *Do que é feita uma vida boa? Lições do mais longo estudo sobre felicidade* [Vídeo]. TED. https://www.ted.com/talks/robert_waldinger_what_makes_a_good_life_lessons_from_the_longest_study_on_happiness?language=pt-br

■ **Para saber mais**
Você pode assistir à entrevista de Robert Waldinger no link https://www.ted.com/talks/robert_waldinger_what_makes_a_good_life_lessons_from_the_longest_study_on_happiness?language=pt#t-754110

EXERCÍCIO PRÁTICO

1. Experimente fazer uma nova amizade ou conhecer alguém.

2. Entre em contato com as pessoas que gosta, convide para fazer algo, marque um encontro.

3. Utilize a agenda semanal (lembre de avaliar a intensidade de prazer e dificuldade após cada experiência). (paginas.grupoa.com.br/vencendo-a-depressao/agenda-semanal)

4. Mantenha a atualização dos registros diários nas planilhas de automonitoramento. (paginas.grupoa.com.br/vencendo-a-depressao/planilhas-de-automonitoramento)

5. Acompanhe o seu progresso, registrando a gravidade dos sintomas depressivos (PHQ-9 – paginas.grupoa.com.br/vencendo-a-depressao/phq-9) e ansiosos (GAD-7 – paginas.grupoa.com.br/vencendo-a-depressao/gad-7).

6. Continue preenchendo o Registro ABCDE. (paginas.grupoa.com.br/vencendo-a-depressao/registro-abcde)

Capítulo 9
Depressão e família

Analise de Souza **Vivan**
Daniela Tusi **Braga**
Aline **Zimerman**
Ives Cavalcante **Passos**

Neste capítulo, serão apresentados aspectos relacionados a depressão e família. Discutiremos sobre o importante papel da família no tratamento da doença e o impacto da depressão na dinâmica familiar. Também, será abordada a importância das relações saudáveis e de momentos de convívio como estratégia para auxiliar no combate à depressão. Você será estimulado a fazer alguns exercícios práticos, como a identificação e realização de atividades prazerosas em família, além de manter tarefas já praticadas anteriormente.

Depressão e família

"Ser empático é ver o mundo com os olhos do outro, e não ver o nosso mundo refletido nos olhos dele."
Carl Rogers

Como abordado no Capítulo 2, sabe-se que o transtorno depressivo tem diversas causas, passando por fatores ambientais, genéticos e psicológicos. Assim como as causas da depressão são multifatoriais, também seu tratamento deve envolver diversas áreas da vida do indivíduo. É nesse contexto que discutiremos, neste capítulo, o impacto da depressão no contexto familiar e o papel da família no combate à depressão.

Como o familiar pode ajudar

A família geralmente representa o grupo que mais convive com a pessoa com depressão. Dessa forma, o papel dela no curso do transtorno é essencial. Assim como famílias mais críticas podem impactar negativamente o quadro depressivo, famílias saudáveis podem se tornar grandes aliadas no tratamento.

Em casos de crianças e jovens, o papel dos pais é especialmente importante. Se, por um lado, os conflitos familiares são um dos principais fatores de risco para depressão, por outro, os pais podem ter um papel fundamental na detecção da doença e na intervenção precoce (Yap et al., 2014).

Ao conviver com alguém com depressão, um dos primeiros passos é o familiar procurar se manter informado sobre o transtorno. Isso é o que chamamos de psicoeducação. Entender e aceitar que os sintomas apresentados são parte da doença, e não preguiça, por exemplo, já é um ponto de partida útil para ajudar. Se os integrantes da família conhecem os sintomas da depressão, poderão perceber quando houver uma piora e alertar o psicólogo ou psiquiatra que acompanha o caso.

Em relação ao tratamento medicamentoso, a falta de suporte familiar está associada à não adesão à medicação. Alguns aspectos que podem impactar são: falta de coesão e harmonia familiar, discriminação por pessoas próximas, rotinas domésticas conflituosas, falta de conhecimento da família sobre o uso de medicamentos e falta de envolvimento da família no tratamento (Semahegn et al., 2020).

Quanto às estratégias terapêuticas para lidar com o transtorno, se a família conhecer alguns dos exercícios indicados para pessoas com depressão, poderá estimular a sua realização. Por exemplo, no caso da ativação comportamental, importante estratégia utilizada no tratamento da depressão, os familiares podem, além de ajudar na escolha dos exercícios, oferecer-se como companhia para colocar em prática as atividades.

Dicas para os familiares:

- Esteja disposto a escutar, sem julgar.
- Mostre-se próximo e disposto a ajudar. Você pode fazer perguntas, por exemplo, mas cuide para não ser invasivo.
- Estimule, mas sem exagerar na energia e nas metas estipuladas (pequenos passos já são bastante úteis).
- Esteja atento a sinais e procure conversar sobre sua percepção de maneira afetuosa.

O impacto na família

Ter um membro da família com um diagnóstico de depressão pode causar um impacto abrangente em toda a dinâmica familiar. A doença pode resultar em mudanças comportamentais, emocionais e na interação entre as pessoas. O isolamento, sintoma comum na depressão, pode contribuir para maior distanciamento dos membros da família. A mudança de comportamento, como abandono de responsabilidades an-

> **LEMBRAR**
>
> Você pode utilizar este livro para proporcionar informações psicoeducativas para sua família. Compartilhe com eles este material.

> **LEMBRAR**
>
> Você e seus familiares podem ser impactados pela depressão. Procurem se apoiar mutuamente e unir forças para vencer a doença.

EXEMPLO **CLÍNICO**

Ana Maria é uma mulher de 24 anos que enfrenta um quadro de depressão há alguns meses. Seus sintomas vêm contribuindo para um maior isolamento nos últimos tempos, causando importante impacto em suas relações sociais e familiares. A família da paciente costuma ser amorosa, no entanto tem um entendimento limitado sobre a doença, o que, muitas vezes, acaba gerando conflitos. Na terapia, Ana Maria foi estimulada a trazer os pais para uma sessão. Após a psicoeducação da família, a paciente percebeu maior compreensão e apoio dos pais no seu processo de recuperação. Anteriormente, a paciente sentia-se constantemente pressionada a participar de atividades familiares. Após essa sessão, a família passou a compreender melhor a condição e a proporcionar um ambiente mais empático e acolhedor. Consequentemente, esse comportamento familiar contribuiu para uma melhora do humor da paciente e maior adesão ao tratamento.

teriores, pode sobrecarregar outro membro da família, gerando conflitos. Preocupações financeiras também são comuns, na medida em que há menor produtividade da pessoa com depressão.

O familiar não deve esquecer de cuidar de si próprio

É comum que familiares de um indivíduo deprimido passem a girar em torno dele, mas é importante estar atento a esse comportamento. Ter uma pessoa com depressão em casa pode se tornar um peso tão grande que aumenta o risco de doenças, como transtornos de ansiedade ou abuso de substâncias. Para o paciente, sentir que a família gira em torno dele, até adoecendo com isso, pode deixá-lo mais sensível, com sentimentos de culpa e de responsabilização. Para que o paciente fique saudável, a família deve se manter saudável. Para diminuir o estresse do ambiente, é importante que a família cuide de si por meio de hábitos que favoreçam a saúde física e mental, como a prática de exercícios físicos, meditação, atividades de lazer, e não com métodos adoecedores, como o uso de álcool ou drogas, para lidar com o problema.

Rede de apoio

A criação de uma rede de apoio é essencial tanto para o paciente quanto para a sua família. A sensação de sobrecarga do familiar

> **IMPORTANTE**
>
> Procure, sempre que possível, estimular seus familiares a manterem suas atividades de costume. Não deixe que se isolem das atividades sociais e demais rotinas anteriores. É importante que sua família esteja saudável para conseguir lhe ajudar.

EXEMPLO **CLÍNICO**

Gabriel, 42 anos, é casado e tem três filhos. Antes do quadro depressivo atual, era um marido atencioso e um pai participativo e carinhoso. Além disso, desempenhava suas funções profissionais com responsabilidade e dedicação. Nos últimos meses, ele perdeu o interesse pela maior parte das atividades de que gostava. A esposa, apesar de ter sido compreensiva inicialmente, tem ficado bastante incomodada no relacionamento, pois Gabriel vem se isolando e evitando momentos de casal. Os filhos sentem-se frustrados, pois o pai não brinca nem participa mais das atividades escolares. No trabalho, Gabriel teve seu desempenho impactado, resultando em menor produtividade. Como trabalha na área de vendas e seu salário é composto, em grande parte, por comissionamento, teve seu rendimento financeiro diminuído de maneira drástica, impactando na saúde financeira da família.

é um fator que pode contribuir para um ambiente adoecedor. Assim, é importante que ele tenha pessoas com quem possa conversar e contar em momentos de maior necessidade. Conversar com amigos, falar com outros familiares que possam ajudar e ter uma comunicação aberta com o psicólogo e/ou psiquiatra responsável pelo caso são algumas maneiras de ampliar essa rede de apoio.

Além disso, é importante que o paciente também tente criar uma rede de apoio, pois ter boas relações é um fator protetivo para depressão. As pessoas próximas podem ajudar você a se sentir apoiado, estimulá-lo a sair da cama, perceber mudanças importantes de sinais e incentivar a busca de ajuda quando necessário. As boas relações também são uma grande razão pela qual se busca melhorar da depressão.

Momentos em família

Se, por um lado, a depressão pode impactar nas relações familiares e contribuir para distanciamentos e conflitos, por outro, manter relações familiares saudáveis e momentos agradáveis em família pode ser uma excelente estratégia para auxiliar no combate à depressão.

Em conclusão, como a família lida com depressão pode impactar os resultados do tratamento – seja promovendo um ambiente saudável para a melhora ou um ambiente prejudicial, que contribui para perpetuar o diagnóstico. Procure manter boas relações familiares, com diálogo e respeito, estabelecendo um ambiente saudável e propício para a melhora da depressão.

Referências

Semahegn, A., Torpey, K., Manu, A., Assefa, N., Tesfaye, G., & Ankomah, A. (2020). Psychotropic medication non-adherence and its associated factors among patients with major psychiatric disorders: A systematic review and meta-analysis. *Systematic Reviews, 9*(1), 17.

Yap, M. B. H., Pilkington, P. D., Ryan, S. M., & Jorm, A. F. (2014). Parental factors associated with depression and anxiety in young people: A systematic review and meta-analysis. *Journal of Affective Disorders, 156*, 8-23.

EXERCÍCIO PRÁTICO

1 Liste ao menos três atividades prazerosas que você gosta de fazer em família. (paginas.grupoa.com.br/vencendo-a-depressao/atividades-prazerosas-em-familia)

2 Sugerimos que mantenha a atualização dos registros diários nas planilhas de automonitoramento. (paginas.grupoa.com.br/vencendo-a-depressao/planilhas-de-automonitoramento)

3 Monte sua agenda semanal, considerando as atividades prazerosas que você identificou que gosta de fazer em família. Procure combinar o melhor dia e horário com seu(s) familiar(es) e inclua pelo menos uma dessas atividades na sua agenda semanal. (paginas.grupoa.com.br/vencendo-a-depressao/agenda-semanal)

4 Preencha o Registro ABCDE. (paginas.grupoa.com.br/vencendo-a-depressao/registro-abcde)

Capítulo **10**
Outras ferramentas para combater a depressão

Daniela Tusi **Braga**
Analise de Souza **Vivan**
Lidiane **Rodrigues**
Ives Cavalcante **Passos**

No cenário contemporâneo, a luta contra a depressão exige abordagens complementares e estratégias para promover o bem-estar mental. Assim, este capítulo apresenta outras ferramentas para combater a depressão. A respiração diafragmática emerge como uma técnica que reduz o estresse e a ansiedade, contribuindo para a regulação emocional. O diário de gratidão, por sua vez, direciona o foco para experiências positivas, demonstrando melhorias no bem-estar psicológico. O *mindfulness*, ao cultivar a atenção plena no momento presente, reduz sintomas depressivos e favorece a regulação cognitiva. Enquanto isso, a técnica antiprocrastinação combate a inércia característica da depressão, impulsionando a produtividade e a autoeficácia. Integrar essas técnicas para combater sintomas depressivos e ansiosos promoverá resultados significativos no seu dia a dia.

Ferramentas úteis para combater a depressão

"Dizem que o que procuramos é um sentido para a vida. Penso que o que procuramos são experiências que nos façam sentir que estamos vivos."
Joseph Campbell

A luta contra a depressão é cada vez mais relevante em nossa sociedade contemporânea. Nesse contexto, abordagens complementares e estratégias para promover o bem-estar mental têm ganhado destaque. Este capítulo aborda quatro estratégias que têm se mostrado eficazes para sintomas depressivos e ansiosos: a respiração diafragmática, o diário de gratidão, o *mindfulness* e a técnica antiprocrastinação.

Respiração diafragmática

"Podemos viver dois meses sem alimento, duas semanas sem água, mas somente alguns minutos sem ar."
Hung Yi-Hsiang

> 💡 Você já parou para pensar na importância da nossa respiração?

O ato de respirar está sob o controle do nosso sistema nervoso autônomo, ou seja, um sistema capaz de exercer tal atividade – fundamental para as funções do organismo – de maneira independente, sem a necessidade de que tenhamos um controle consciente disso. Embora seja um ato involuntário e, na maior parte do tempo, inconsciente, a respiração é influenciada por diversos fatores, como pensamentos, emoções, exercícios e por nossa vontade.

Padrões inadequados de respiração conduzem à hiperventilação e a sintomas fisiológicos como tontura, sufocação e taquicardia. Sendo assim, passa a ser fundamental aprender como atuar de modo consciente sobre sua respiração. Uma boa estratégia é direcionar, de maneira voluntária, sua atenção para o ato de respirar.

Você já ouviu falar da respiração diafragmática?

A respiração diafragmática, também conhecida como respiração abdominal, é uma técnica de respiração profunda que envolve o uso do diafragma, o músculo que separa o tórax do abdome. Estudos têm demonstrado que essa técnica ajuda a reduzir os níveis de estresse e ansiedade, contribuindo para o equilíbrio emocional e a melhora do humor (Jerath et al., 2006). Além disso, a respiração diafragmática promove uma maior oxigenação dos tecidos do corpo, impactando positivamente a função cerebral e auxiliando na regulação das emoções.

Se você já observou um bebê dormindo, pode notar que a barriguinha dele sobe e desce, sem movimentar o tórax. Pois bem, o objetivo dessa técnica é reaprender a respirar. A respiração diafragmática é uma técnica eficaz para reduzir os sintomas de ansiedade, e a mudança do padrão respiratório ajuda a retomar o controle de funções corporais que podem estar desreguladas em situações de ansiedade, pânico, medo, entre outras emoções. Com o treino, você consegue absorver uma maior quantidade de ar com menos esforço.

Como funciona?

Escolha o tempo que você vai dedicar para esse exercício conforme sua preferência, disponibilidade ou indicação terapêutica. Sugerimos que você comece fazendo duas vezes ao dia por três minutos em cada sessão, podendo aumentar esse tempo gradativamente.

Sintomas de desconforto ou falta de ar podem surgir no início da prática. Com a repetição do exercício, no entanto, esse desconforto vai ceder e o alívio dos sintomas de ansiedade será percebido.

É importante que a respiração seja profunda e lenta para ativar o nosso sistema parassimpático, que está associado à sensação de relaxamento.

A respiração profunda engloba quatro fases:

- Inspiração
- Retenção
- Expiração
- Pausa

Vamos praticar?

Sente-se em um local confortável com a coluna reta, ambos os pés no chão e pernas em 90 graus. Coloque uma de suas mãos sobre a barriga e a outra sobre o peito. Observe a mão que está em cima da barriga subir e descer, o ideal é que a mão que está no peito não se movimente ou se movimente muito pouco.

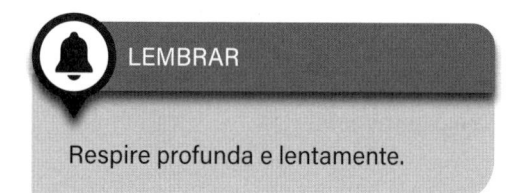

LEMBRAR

Respire profunda e lentamente.

Dicas:

- Durante a inspiração, estufe o abdome para a entrada do ar, e, durante a expiração, deixe o abdome cada vez mais vazio e encolhido.
- Evite movimentar o peito.
- Procure o ritmo ideal de sua respiração dentro dos padrões respiratórios sugeridos aqui.
- Pratique, em um primeiro momento, diariamente, sempre em um horário determinado, mesmo na ausência dos sintomas de ansiedade, até o seu aprendizado estar bem consolidado.
- Um bom momento para praticar é duas horas após as refeições.

- Você também pode observar sua frequência cardíaca antes e depois da prática; geralmente, ela diminui com o exercício.
- Você pode praticar deitado, colocando um livro pequeno sobre a barriga, observando-o subir e descer enquanto respira.

LEMBRAR

Você também pode assistir a um vídeo que está disponível no Youtube e que ilustra essa prática. O *link* está disponível nas referências deste capítulo (InovaMente Thrive, 2022).

Diário de gratidão

O diário de gratidão é outra ferramenta poderosa no enfrentamento da depressão. A prática de registrar diariamente três coisas pelas quais se é grato tem sido associada a melhorias significativas no bem-estar emocional (Emmons & McCullough, 2003). Ao focar nas experiências positivas, essa técnica auxilia na mudança de perspectiva e na diminuição dos sentimentos negativos.

IMPORTANTE

O diário de gratidão é uma ótima escolha para encerrar ou iniciar seu dia.

A gratidão é um estado emocional que está associado à capacidade de reconhecer e valorizar aspectos positivos da vida. Essa experiência ativa nossos pensamentos funcionais, adaptativos, e nossas emoções positivas, tais como alegria, serenidade e paz. Consequentemente, nos sentimos bem e satisfeitos com nossas experiências.

Estudos científicos têm demonstrado que as pessoas gratas são mais felizes (Emmons & McCullough, 2003). Felicidade, segundo Seligman et al. (2005), não se resume apenas a se sentir bem por um momento. Ela é construída com base em cinco elementos importantes: sentir emoções positivas (alegria, amor, tranquilidade, gratidão), envolver-se em atividades das quais gostamos, ter relacionamentos saudáveis, ter objetivos que deem sentido à vida e alcançar coisas que valorizamos. Juntos, esses ingredientes formam uma vida feliz e completa, que vai além de momentos passageiros de alegria (Seligman et al., 2005).

A satisfação e a gratidão que temos com nossas experiências é um fator importante associado à felicidade e que podemos treinar. Uma das formas eficazes de praticar a gratidão e fortalecer as emoções positivas é focar no que você tem, e não no que falta. O diário de gratidão é uma ferramenta que irá ajudar você a fortalecer seu estado mental saudável e reforçar uma relação positiva com a vida, aumentando, com isso, sua sensação de bem-estar diariamente.

Com a prática, você experimentará efeitos positivos diversos. Ao desviar o foco das emoções e dos pensamentos negativos, é possível amplificar a percepção das emoções positivas, aumentando assim a autovalorização e a autoestima. Você também irá experimentar maior qualidade nas suas interações sociais.

É recomendado que o registro seja diário, podendo ser realizado à noite ou antes de dormir, possibilitando uma melhor qualidade do sono, já que seu efeito pode reduzir os pensamentos negativos. Também pode ser realizado pela manhã, como uma forma mais positiva de iniciar o dia.

Perguntas como "O que faz você sentir-se grato hoje?" e "Quais coisas boas aconteceram no seu dia?" podem ser estímulos para lembrar das experiências boas que a vida ofertou a você. No entanto, se algum dia você não conseguir registrar, tente reler as anotações anteriores, trazendo à sua memória momentos de gratidão, fortalecendo assim as situações positivas da sua realidade.

Vamos praticar?

No material editável que está disponível em paginas.grupoa.com.br/vencendo-a-depressao/diario-de-gratidao, registre três ou mais experiências positivas do seu dia que despertaram sensação de bem-estar. Pratique todos os dias e observe o efeito no seu humor.

Mindfulness

Mindfulness, ou atenção plena, é uma abordagem que envolve estar no momento pre-

> **LEMBRAR**
>
> O diário de gratidão ajuda você no combate à depressão. Além disso, o torna agente ativo e responsável no seu processo terapêutico.

sente de forma consciente e sem julgamentos. Estudos têm evidenciado que sua prática regular está associada a uma redução nos sintomas de depressão e ansiedade, além de promover melhorias na regulação emocional e nas funções cognitivas (Hofmann et al., 2010). A técnica incentiva a aceitação de emoções e pensamentos, reduzindo a ruminação e o ciclo de autocrítica, tão comuns na depressão.

Sabe quando a sua mente fica cheia de pensamentos e preocupações? A atenção plena é como um truque para acalmar isso. É sobre prestar atenção no que você está fazendo agora, sem se preocupar com o passado ou o futuro.

Existem duas maneiras diferentes de exercitar a atenção plena: por meio das práticas formais e das informais. As práticas formais são quando você reserva um tempo específico do seu dia para se concentrar completamente em algo, como a sua respiração, um som ou até mesmo o movimento do seu corpo. As práticas informais são mais flexíveis e acontecem durante as atividades cotidianas, como comer, caminhar ou tomar banho. Aqui, você simplesmente tenta estar completamente presente no que está fazendo, usando seus sentidos para perceber os detalhes.

Exemplo de prática formal

Escolha um momento do dia, pode ser antes de dormir ou quando acordar, por exemplo. Isso ajuda a transformar a prática em um hábito. Sente-se quieto, feche os olhos e direcione a atenção para sua respiração, observe que o ar entra e sai do seu corpo. Quando a mente começar a pensar em outras coisas, tudo bem. Só traga de volta sua atenção para a respiração, gentilmente, sem julgamento. Procure se dedicar a essa prática por dois minutos, todos os dias. Você pode ir aumentando esse tempo gradualmente. Fazer isso ajudará você a se sentir mais relaxado e a lidar melhor com as situações durante o dia. E não tem problema se não for perfeito, o importante é praticar.

Exemplos de práticas informais

Vamos dizer que você está lavando louça após o jantar. Em vez de fazer isso no modo automático, tente praticar a atenção plena. Sinta a água quente nas suas mãos, observe o som da água e o movimento das suas mãos enquanto lava os pratos. Se a mente começar a divagar para outros lugares, traga gentilmente o foco de volta para a atividade. Só lave os pratos, sem pensar em outras coisas. Essa prática ajuda a afastar o estresse e a agitação, mesmo nas tarefas do dia a dia.

Para uma prática diária, escolha um momento específico, como ao acordar ou antes de dormir, para fazer algo com atenção plena. Pode ser escovar os dentes, tomar banho ou beber uma xícara de chá. O importante é se concentrar totalmente na experiência, usar seus sentidos e evitar que a mente divague. Comece com alguns minutos e, aos poucos, vá aumentando. Isso vai ajudar você a se sentir mais presente e relaxado ao longo do dia.

Ambas as abordagens são ótimas e se complementam. As práticas formais ajudam a desenvolver as habilidades de concentração e clareza mental. Já as práticas informais nos lembram de trazer a atenção consciente para o aqui e agora. O importante é encontrar um equilíbrio entre elas para colher os benefícios do *mindfulness*.

Antiprocrastinação

A técnica antiprocrastinação é uma estratégia que visa combater a procrastinação, um comportamento frequentemente exacerbado pela depressão. Ao estabelecer metas claras, dividir tarefas em passos menores e utilizar técnicas de recompensa, é possível superar a inércia e o desânimo característicos da depressão (Steel, 2007). Essa abordagem não apenas aumenta a produtividade, mas também promove um senso de realização e autoeficácia, elementos cruciais na recuperação da depressão.

Frequentemente, somos surpreendidos por pensamentos como "Amanhã eu faço" ou "Na próxima semana vou começar". Geralmente, com eles, vem uma sensação de que precisamos aguardar o momento certo, uma melhor oportunidade, ou sentir mais motivação e energia para realizar determinada tarefa.

Isso parece familiar para você?

Se a resposta for "sim", você não precisa se sentir envergonhado. A procrastinação é um fenômeno comum para grande parte das pessoas.

Procrastinar significa adiar uma tarefa, mesmo que ela seja considerada importante. Acaba-se dando prioridade para coisas menos relevantes ou urgentes, ou até mesmo não se assume nenhuma outra atividade no lugar, mas não se consegue iniciar ou concluir uma determinada tarefa. Esse comportamento pode resultar em sensação de inutilidade, culpa e vergonha. Além disso, pode elevar a ansiedade, em razão da preocupação em não conseguir concluir a tarefa dentro do prazo previsto.

Só é uma boa ideia deixar uma tarefa para depois se existe algum facilitador caso ela seja adiada. Por exemplo, "Preciso escrever um texto em inglês e tenho dificuldade. Um amigo, que domina o idioma, ficou de me auxiliar na próxima semana". Nesse caso, é compreensível que a realização da tarefa seja planejada para a semana seguinte. No entanto, digamos que você tem que responder a um *e-mail* que considera uma tarefa chata ou difícil, mas é uma tarefa que depende exclusivamente de você. Caso prorrogue para o dia seguinte, não existe nenhuma chance de a tarefa ficar menos chata ou difícil. Pelo contrário, a tendência, caso procrastine, é que você a avalie cada vez mais negativamente em razão do desconforto que pensar sobre a tarefa tem causado diariamente.

Então, antes de adiar uma atividade, pergunte-se: "Isso ficará mais fácil (ou menos chato) amanhã ou na próxima semana?". Caso a resposta seja negativa, procure realizá-la o quanto antes e aprecie o sentimento de prazer por ter cumprido o planejado.

Procure entregar-se de fato à atividade, evitando distrações que atrapalhem o resultado e façam você gastar mais tempo do que o necessário. Hoje, é fácil se distrair com a oferta tecnológica. Se na sua agenda constam tarefas que exigem atenção, silencie seu

> **IMPORTANTE**
>
> Uma boa dica para lidar com tarefas consideradas chatas ou difíceis é agendar a sua realização para o primeiro horário do dia.

> **LEMBRAR**
>
> Como diria Mark Twain, famoso autor norte-americano, "Coma um sapo vivo logo pela manhã e nada pior vai acontecer com você o resto do dia".

telefone, desligue a televisão e encontre um lugar produtivo para realizar seu trabalho.

Procrastinação e perfeccionismo

A procrastinação também pode estar relacionada a padrões cognitivos que foram sendo construídos ao longo da vida. Um bom exemplo disso são pessoas que mantêm constantemente a busca pela perfeição. Por trás do perfeccionismo, está o medo excessivo de falhar. Pessoas com essa característica podem assumir um comportamento procrastinador, evitando, de muitas maneiras, a chance de falhar e receber críticas (tanto delas mesmas quanto dos outros).

Agora que você já compreendeu como a procrastinação pode impactar a sua rotina

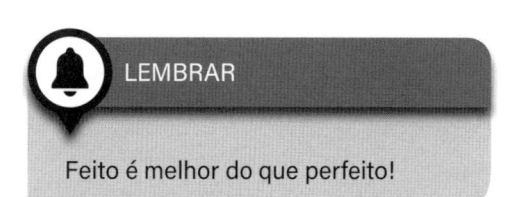

> **LEMBRAR**
>
> Feito é melhor do que perfeito!

e a busca de seus objetivos, convidamos você a alterar esse padrão de comportamento.

Vamos praticar?

Em paginas.grupoa.com.br/vencendo-a-depressao/exercicio-antiprocrastinacao, você encontrará um material editável que vai ajudá-lo a parar de procrastinar. Com essa técnica de antiprocrastinação, você poderá realizar suas tarefas e apreciar o sentimento de prazer por ter cumprido o planejado.

Referências

Emmons, R. A., & McCullough, M. E. (2003). Counting blessings versus burdens: An experimental investigation of gratitude and subjective well-being in daily life. *Journal of Personality and Social Psychology, 84*(2), 377-389.

Hofmann, S. G., Sawyer, A. T., Witt, A. A., & Oh, D. (2010). The effect of mindfulness-based therapy on anxiety and depression: A meta-analytic review. *Journal of Consulting and Clinical Psychology, 78*(2), 169-183.

InovaMente Thrive. (2022). *Descubra a respiração diafragmática e controle sua ansiedade* [Vídeo]. YouTube. https://www.youtube.com/watch?v=HJ0Vmgq50vo

Jerath, R., Edry, J. W., Barnes, V. A., & Jerath, V. (2006). Physiology of long pranayamic breathing: Neural respiratory elements may provide a mechanism that explains how slow deep breathing shifts the autonomic nervous system. *Medical Hypotheses, 67*(3), 566-571.

Seligman, M. E. P., Steen, T. A., Park, N., & Peterson, C. (2005). Positive psychology progress: Empirical validation of interventions. *American Psychologist, 60*(5), 410-421.

Steel, P. (2007). The nature of procrastination: A meta-analytic and theoretical review of quintessential self-regulatory failure. *Psychological Bulletin, 133*(1), 65-94.

EXERCÍCIO PRÁTICO

1 Utilize a agenda semanal (lembre-se de avaliar a intensidade de prazer e a dificuldade após cada experiência). Acrescente na sua agenda as ferramentas deste capítulo que fizeram sentido para você. (paginas.grupoa.com.br/vencendo-a-depressao/agenda-semanal)

2 Mantenha a atualização dos registros diários nas planilhas de automonitoramento. (paginas.grupoa.com.br/vencendo-a-depressao/planilhas-de-automonitoramento)

3 Continue com o preenchimento do Registro ABCDE. (paginas.grupoa.com.br/vencendo-a-depressao/registro-abcde)

4 Para a prática do diário de gratidão, sugerimos que, antes de dormir ou pela manhã, você registre três ou mais experiências positivas que tenham lhe despertado sensação de bem-estar. Recomendamos que você faça seus registros diariamente. (paginas.grupoa.com.br/vencendo-a-depressao/diario-de-gratidao)

Capítulo **11**
Manutenção dos ganhos e prevenção de recaídas

Daniela Tusi **Braga**
Analise de Souza **Vivan**
Ives Cavalcante **Passos**

Este capítulo discorre sobre a prevenção de recaídas dos sintomas de depressão. Abordamos a possibilidade de lapsos e recaídas e as ferramentas necessárias para lidar com esses momentos, para que você mantenha seus ganhos e se fortaleça. Você vai aprender sobre a importância da identificação de gatilhos que podem desencadear recaídas, bem como as estratégias de enfrentamento para tais situações. O objetivo final é construir uma caixa de ferramentas sólida e personalizada que não apenas previna recaídas, mas também proporcione um maior entendimento no manejo contínuo da depressão. E para enriquecer ainda mais seu percurso, apresentamos casos clínicos que ilustram as estratégias de combate à depressão, solidificando a sua jornada em direção a um bem-estar mental duradouro.

Prevenção de recaídas

"Lute com determinação, abrace a vida com paixão, perca com classe e vença com ousadia."
Charles Chaplin

Se você chegou até aqui, já pode se considerar vencedor. A prevenção de recaídas na depressão, após a conclusão de um tratamento bem-sucedido com terapia cognitivo-comportamental (TCC), consolida os progressos conquistados ao longo do tempo. Evidências destacam que a TCC não apenas alivia os sintomas depressivos, mas também capacita os indivíduos com ferramentas práticas para o cotidiano, assegurando habilidades de enfrentamento resilientes, cruciais na redução de recaídas e recorrências em casos de depressão unipolar (Vittengl et al., 2007).

As estratégias de prevenção de recaídas na depressão pós-TCC frequentemente incluem a manutenção das habilidades de en-

> **LEMBRAR**
>
> O que foi aprendido ao longo desse período ficará disponível para você usar sempre que precisar. A depressão é um transtorno crônico, por isso será importante usar os recursos que aprendeu.

> **IMPORTANTE**
>
> Incorporar hábitos como uma dieta equilibrada, exercícios regulares e técnicas de gerenciamento do estresse pode desempenhar um papel fundamental na manutenção da saúde mental após o tratamento (Hollon et al., 2005).

frentamento aprendidas. A adoção contínua dessas habilidades, como a identificação de padrões de pensamento negativos, pode evitar a recorrência dos sintomas depressivos (Hollon et al., 2005). Além disso, o monitoramento frequente também desempenha um papel importante na detecção de sinais precoces de recaídas (Fava et al., 1998). Outro aspecto crucial na prevenção de recaídas é agir precocemente quando os sinais são identificados. Isso pode envolver a retomada de estratégias aprendidas na TCC, bem como a busca por apoio social ou um profissional da saúde mental (Vittengl et al., 2007). Além disso, a adoção de um estilo de vida saudável também é uma estratégia eficaz.

Plano de prevenção de recaídas

Cada um dos diversos pontos discutidos ao longo deste livro desempenha um papel crucial para ajudá-lo a elaborar um plano eficaz para a prevenção de recaídas e manutenção dos ganhos. O livro abordou temas como a influência dos relacionamentos interpessoais na depressão, destacando como a qualidade das conexões sociais pode afetar nossa saúde mental. A solidão e o isolamento social podem aumentar o risco de depressão, e por isso destacamos a importância de construir e manter relacionamentos positivos, que podem atuar como um escudo protetor contra essa condição.

A psicoeducação, por exemplo, é fundamental na prevenção de recaídas pois, por meio dela, você aprende a identificar padrões de pensamentos e comportamentos gerais relacionados ao seu diagnóstico, bem como a forma como eles se manifestam. Foram abordadas também muitas técnicas terapêuticas, como a respiração diafragmática, o diário de gratidão e o registro de pensamentos disfuncionais, que permitem que você module as emoções e escolha o quer fazer com elas. Essas técnicas, aliadas à psicoeducação, ao papel ativo do paciente e ao questionamento das crenças centrais disfuncionais, são essenciais no seu plano de prevenção de recaídas.

Observe o relato de Gabriela sobre a sua jornada para combater a depressão e veja o

> **LEMBRAR**
>
> A luta continua!

EXEMPLO **CLÍNICO**

"Uma das primeiras coisas que fiz foi começar a monitorar regularmente minhas emoções e interações sociais. Isso me ajudou a identificar padrões e a perceber como certos relacionamentos influenciavam meu estado de espírito. Também percebi o quanto meus laços sociais fortes são importantes para me manter estável. Reservei um tempo específico na minha agenda semanal para me conectar com amigos e familiares, seja por meio de ligações, encontros presenciais ou atividades compartilhadas. Uma estratégia que me ajudou muito foi dedicar alguns minutos todas as manhãs para a leitura de pensamentos alternativos positivos. Parece que isso me dava força para começar meu dia e me manter bem. Sinto-me mais capacitada para enfrentar a vida, sabendo que tenho ferramentas sólidas para manter minha saúde mental em equilíbrio."

que a ajudou a manter os resultados obtidos ao longo do tempo.

Lapsos e recaídas

Mesmo que agora você esteja sem sintomas depressivos, alguns episódios isolados e de curta duração podem acontecer. Assim, como você está munido de inúmeras ferramentas efetivas, poderá retomar os comportamentos aprendidos e voltar a controlar os sintomas depressivos. Quando isso ocorrer, podemos falar que você está passando por um lapso (**Fig. 11.1**), e lapsos fazem parte do processo de mudança. Fique tranquilo!

O problema pode ser maior quando você experienciar uma fase de recaída. Ela acontece quando, após uma fase de remissão completa ou parcial dos sintomas depressivos, você volta a apresentar de forma consistente e persistente os sintomas depressivos (como antes do tratamento). Além disso, esse padrão de sintomas volta a trazer prejuízo e interferência nas suas atividades diárias.

Veja a comparação entre lapso e recaída na **Figura 11.2**.

Estratégias de prevenção de recaídas

Existem alguns recursos que podem auxiliar você a prevenir as recaídas. Veja a seguir.

1 **Identifique as situações-gatilho que ativam seus sintomas depressivos.** Alguns eventos, circunstâncias ou estímulos (como pensamentos ou emoções) podem servir como situação-gatilho e ativar sintomas depressivos. Identificar essas situações pode ser útil para se preparar para elas e desenvolver estratégias para o enfrentamento.
2 **Procure distrair-se e usar a estratégia da ativação comportamental.** A distração, ou seja, o redirecionamento de

Pensamentos sabotadores		Emoções
"Recaí!" "O tratamento não funciona comigo." "Meu esforço não valeu a pena." "Vou desistir de tudo." "Nada dá resultado."	➡	Frustração Tristeza Culpa Ansiedade Desesperança

Figura 11.1
Lapso, pensamentos sabotadores e emoções.

sua atenção para aspectos mais positivos ou motivadores, é uma estratégia simples, mas muita efetiva. Mantenha-se ativo, praticando atividades prazerosas, mesmo que em alguns momentos você não sinta motivação para isso.

3 **Previna as consequências de estar passando por um lapso.** O lapso pode desencadear pensamentos automáticos negativos de incapacidade e de fracasso terapêutico, ativando crenças negativas, como "Sou fraco", "Sou covarde", "Sou incapaz de me manter bem", "Não mereço ser feliz". Esteja atento a esses pensamentos para que eles não impeçam o seu progresso. Um lapso não significa uma recaída. Falhar é humano! E, se você perceber um lapso, ou até mesmo uma recaída, sempre poderá retomar as estratégias aprendidas e vencer novamente a luta contra a doença.

4 **Use lembretes.** O uso de lembretes pode ser uma boa estratégia para manter o foco em suas metas e lembrar-se dos comportamentos necessários para manter seus ganhos e prevenir recaídas. Você pode usar pequenas notas adesivas em locais visíveis, como o espelho do banheiro, a geladeira ou o monitor do computador, com mensagens positivas ou lembretes sobre práticas importantes para o seu bem-estar. Você também pode contar com a tecnologia, programando alarmes no celular para ajudar na prática de atividades físicas, rotinas de autocuidado ou lembrar de fazer uma ligação para um amigo, por exemplo.

5 **Fique atento aos pensamentos automáticos catastróficos e crenças erradas e corrija-os o mais rápido possível.** Você deve manter presentes em

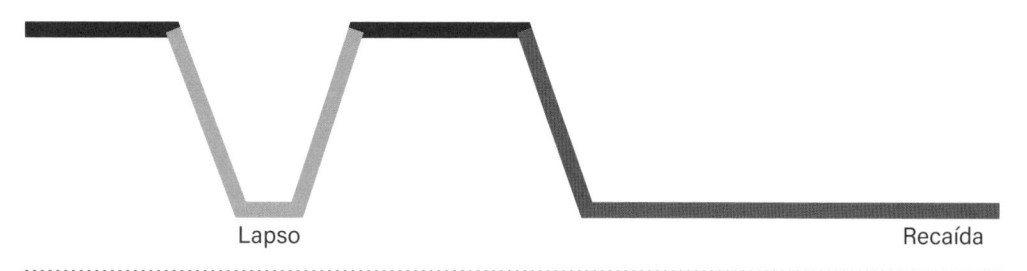

Figura 11.2
Representação visual de lapso *versus* recaída.

sua mente os vários exercícios cognitivos aprendidos para corrigir crenças erradas; eles formam um arsenal de defesa, uma caixa de ferramentas que pode ser usada sempre que necessário. Quanto mais praticar, mais automática será sua aplicação, assim como ocorre quando se aprende a dirigir, nadar ou andar de bicicleta.

6 **Aprenda a lidar com os estresses da vida.** Diversas situações estressoras podem surgir ao longo das nossas vidas. É importante que você aprenda a lidar com essas dificuldades para prevenir novos episódios depressivos. Tanto os estressores negativos (perdas, separações, demissão de emprego, conflitos familiares) como os positivos (casamento, gravidez, nascimento de filho, ascensão na carreira, novas responsabilidades) podem provocar recaídas. Caso você perceba que tem dificuldades nessas questões, um processo de psicoterapia pode ajudar.

7 **Trate outros transtornos mentais.** Para prevenir recaídas, é importante avaliar se existem outros transtornos mentais presentes e de que maneira eles se associam com os sintomas depressivos. Por exemplo, a presença de um transtorno de ansiedade ou o uso de substâncias podem influenciar os sintomas depressivos. Não deixe de buscar ajuda profissional, se necessário.

8 **Faça revisões periódicas.** Você pode reservar um momento específico da sua semana para fazer uma análise do seu progresso. Poderá observar suas vitórias, reforçando os aspectos nos quais já conseguiu evoluir, ao mesmo tempo em que identifica as principais dificuldades e define estratégias para vencê-las. Se, além da leitura e dos exercícios propostos no livro, você também está sendo acompanhado por um terapeuta, procure manter consultas de revisão periódicas.

9 **Não interrompa os medicamentos.** Caso faça uso de medicamentos psiquiátricos, não altere a dose ou interrompa o uso sem o consentimento do médico que está acompanhando você. A retirada de medicamentos no momento incorreto ou de maneira abrupta está associada a maior risco de recaídas.

10 **Saiba tudo sobre depressão.** Faça leituras sobre o tema, consulte livros, reportagens, *sites* ou redes sociais. No entanto, procure sempre informações em fontes seguras e especializadas. Ter uma boa compreensão acerca da depressão e de como ela se manifesta em você é o primeiro passo para combatê-la.

Referências

Fava, G. A., Rafanelli, C., Grandi, S., Conti, S., Belluardo, P. (1998). Prevention of recurrent depression with cognitive behavioral therapy: Preliminary findings. *Archives of General Psychiatry, 55*(9), 816-820.

Hollon, S. D., DeRubeis, R. J., Shelton, R. C., Amsterdam, J. D., Salomon, R. M., O'Reardon, J. P., ... Gallop, R. (2005). Prevention of relapse following cognitive therapy vs medications in moderate to severe depression. *Archives of General Psychiatry, 62*(4), 417-422.

Vittengl, J. R., Clark, L. A., Dunn, T. W., & Jarrett, R. B. (2007). Reducing relapse and recurrence in unipolar depression: A comparative meta-analysis of cognitive-behavioral therapy's effects. *Journal of Consulting and Clinical Psychology, 75*(3):475-88.

EXERCÍCIO PRÁTICO

1. Identifique as situações-gatilho dos seus sintomas depressivos (pessoas, situações, pensamentos, comportamentos) e registre as atitudes que podem ajudar a enfrentar cada uma das situações. Utilize o documento Prevenção de Recaídas que está disponível em paginas.grupoa.com.br/vencendo-a-depressao/prevencao-de-recaidas.

2. Utilize a agenda semanal (lembre-se de avaliar a intensidade de prazer e dificuldade após cada experiência). (paginas.grupoa.com.br/vencendo-a-depressao/agenda-semanal)

3. Mantenha a atualização dos registros diários nas planilhas de automonitoramento. (paginas.grupoa.com.br/vencendo-a-depressao/planilhas-de-automonitoramento).

4. Acompanhe o seu progresso, registrando a gravidade dos sintomas depressivos (PHQ-9 – paginas.grupoa.com.br/vencendo-a-depressao/phq-9) e ansiosos (GAD-7 – paginas.grupoa.com.br/vencendo-a-depressao/gad-7).

5. Continue com o preenchimento do Registro ABCDE. (paginas.grupoa.com.br/vencendo-a-depressao/registro-abcde)

6. Para a prática do diário de gratidão, sugerimos que, antes de dormir ou pela manhã, você registre três ou mais experiências positivas que lhe despertaram sensação de bem-estar. Recomendamos que você faça seus registros diariamente. (paginas.grupoa.com.br/vencendo-a-depressao/diario-de-gratidao)

Parte II
Tópicos especiais

Capítulo **12**

Evidências de eficácia da terapia cognitivo-comportamental para depressão

Thyago **Antonelli-Salgado**
Analise de Souza **Vivan**
Daniela Tusi **Braga**
Ives Cavalcante **Passos**

Segundo a Organização Mundial da Saúde (OMS), os transtornos depressivos acometem cerca de 280 milhões de pessoas em todo o mundo e são a segunda principal causa de anos vividos com incapacidade (Freeman, 2022). A condição está associada a aumento da mortalidade e morbidade (Cuijpers et al., 2014) e enormes custos econômicos (König et al., 2019), além de um sofrimento considerável para os pacientes e suas famílias, com importante comprometimento de aspectos sociais, ocupacionais e de outras áreas de funcionamento (Cuijpers, Miguel, Harrer, Plessen, Ciharova, Papola, et al., 2023).

Nas últimas décadas, houve um avanço importante em estudos na área, incluindo pesquisas sobre o tratamento do transtorno. Existe uma variedade de medicamentos disponíveis para o tratamento da depressão, assim como diversas abordagens psicoterápicas. Os efeitos das psicoterapias foram examinados em mais de 850 ensaios clínicos randomizados (Cuijpers, Miguel, Harrer, Plessen, Ciharova, Papola, et al., 2023), sendo que a terapia cognitivo-comportamental (TCC) é o tipo de tratamento psicológico mais avaliado em estudos científicos e está presente na maioria das diretrizes para tratamento dos transtornos depressivos (Cuijpers et al., 2020, 2021; Cuijpers, Miguel, Harrer, Plessen, Ciharova, Ebert, et al., 2023; López-López et al., 2019). Ela pode ser realizada em diferentes formatos, como presencial ou *on-line*, individual ou em grupo, autoajuda guiada ou não guiada. Este capítulo visa mostrar uma revisão atualizada das evidências científicas dos diferentes componentes e abordagens da TCC para depressão.

Terapia cognitivo-comportamental

A TCC, no contexto dos sintomas depressivos, remonta aos trabalhos inovadores de Aaron T. Beck nas décadas de 1960 e 1970. Inicialmente, em seus estudos, Beck pretendia comprovar a teoria psicanalítica a respeito da depressão. No entanto, a partir do contato com os pacientes, começou a perceber que existia um padrão cognitivo que se repetia nos diferentes casos. Os pensamentos dos pacientes eram predominantemente negativos, com a presença das chamadas "distorções cognitivas". A partir desses achados, ele desenvolveu a terapia cognitiva (TC) e aplicou suas ideias no tratamento da depressão, propondo que nossos pensamentos influenciam nossas emoções e nossos comportamentos (Beck, 1967).

A partir desse início, a abordagem cognitiva desenvolveu-se no sentido de incorporar novos elementos à prática clínica, incluindo componentes comportamentais. Atualmente, essa abordagem psicoterápica é amplamente reconhecida como TCC, englobando uma variedade de estratégias terapêuticas. No tratamento da depressão, além da reestruturação cognitiva, a técnica intitulada "ativação comportamental" tem um importante papel.

Evidências gerais

A TCC apresenta eficácia bem-documentada na literatura para o tratamento da depressão. Uma recente metanálise que reuniu 409 estudos, totalizando mais de 50 mil pacientes, mostrou que a TCC apresenta eficácia superior em curto e longo prazos (6-12 meses) quando comparada a controles (lista de espera ou tratamentos usuais) (Cuijpers, Miguel, Harrer, Plessen, Ciharova, Ebert, et al., 2023). Além disso, outra metanálise (Chen et al., 2022) que avaliou 3.938 pacientes presentes em 28 estudos mostrou que a TCC também é uma intervenção confiável para prevenir recaídas/recorrências em pacientes com depressão.*

> **ⓘ IMPORTANTE**
>
> A TCC igualmente demonstrou eficácia para crianças e adolescentes. Um estudo adicional, abrangendo essa faixa etária, destacou a importância do envolvimento dos pais ou cuidadores no tratamento com TCC, resultando em maiores benefícios (Oud et al., 2019).

Quanto à TCC aplicada a adultos, uma recente metanálise (Werson et al., 2022) que avaliou mais de 3 mil pacientes presentes em 37 estudos mostrou que a eficácia dessa terapia não se altera se aplicada em adultos jovens e de meia-idade ou idosos.

TCC e tratamento medicamentoso

A metanálise citada (Cuijpers, Miguel, Harrer, Plessen, Ciharova, Ebert, et al., 2023) também apresentou dados relativos à com-

---

* Metanálise ou metanálise tradicional: Técnica estatística que permite integrar os resultados de dois ou mais estudos independentes por meio de uma medida resumo. No modelo tradicional, duas intervenções são comparadas (podendo uma delas ser um grupo-controle ou placebo) (Cipriani et al., 2013).

paração entre TCC e tratamento medicamentoso. Os resultados apontaram que a TCC mostrou-se tão efetiva quanto o uso de fármacos em curto prazo e em longo prazo mostrou-se mais eficaz. Sendo assim, a TCC pode ser considerada a escolha inicial de tratamento quando os sintomas depressivos estão presentes em intensidade leve a moderada. Além disso, outros fatores também podem ser considerados, como a preferência individual do paciente ou a escolha pela psicoterapia em razão, por exemplo, de gestação, lactação ou desejo de engravidar (Gautam et al., 2017).

Quanto à maior efetividade em longo prazo, é importante destacar alguns dados. Sabe-se que o transtorno depressivo tem uma natureza recorrente, com risco de recaída de até 60% após o primeiro episódio. Após três ou mais episódios, esse risco pode chegar a 90%. Dessa forma, o uso da TCC, de maneira isolada ou em conjunto com as intervenções medicamentosas, pode ser um importante aliado na manutenção dos ganhos. Além disso, o tratamento psicoterápico também pode ser inserido após o tratamento farmacológico, visando a prevenção de recaída (Breedvelt et al., 2021).

Pacientes com depressão resistente ao tratamento medicamentoso, isto é, quando a resposta terapêutica adequada não foi alcançada, também podem se beneficiar do acréscimo da TCC. O tratamento combinado evidencia melhora mais rápida, além de efeitos mais duradouros (Zakhour et al., 2020). Outro ponto a se considerar na escolha do tratamento é a expectativa do paciente em relação à resposta ao tratamento. Um estudo (Thiruchselvam et al., 2019) que acompanhou 104 pacientes por 16 semanas mostrou que ter alto otimismo e baixo pessimismo durante o tratamento farmacológico prediz melhor resposta ao tratamento. Esses resultados nos apontam a importância de oferecer a TCC, principalmente, para pacientes que não estão otimistas ou estão pessimistas no decorrer do tratamento farmacológico.

Esse mesmo estudo (Thiruchselvam et al., 2019) mostrou que uma maior probabilidade de resposta à TCC esteve associada a pacientes com alto otimismo antes de iniciar a terapia ou com baixo pessimismo no decorrer do tratamento. Esses dados reforçam a importância de explicar ao paciente que irá iniciar o tratamento de que forma a TCC pode ajudá-lo e apresentar a forte evidência científica dessa terapia, a fim de gerar otimismo. Além disso, essa prática auxilia a identificar, no curso do tratamento, se há algum pessimismo, para que isso seja abordado antes do prosseguimento da terapia.

TCC e a comparação de diferentes formatos

A versatilidade da TCC é uma das razões pelas quais ela se destaca como uma ferramenta poderosa no campo da psicoterapia. A TCC pode ser aplicada em diversos formatos, sendo que a escolha de um formato específico depende das necessidades individuais do paciente, das circunstâncias pessoais e das preferências. A TCC individual, talvez a modalidade mais tradicional e amplamente reconhecida dessa abordagem, envolve uma relação direta entre terapeuta e paciente. Nesse cenário, o terapeuta concentra-se na identificação e modificação de padrões disfuncionais de pensamento e comportamento do paciente, oferecendo uma abordagem altamente personalizada (King, 2002).

A TCC em grupo é outra modalidade valiosa. Nesse formato, um terapeuta lidera um grupo de pacientes com objetivos terapêuticos semelhantes. Essa configuração oferece um ambiente rico em apoio e compreensão, onde os pacientes podem se beneficiar da interação, compartilhando experiências e aprendendo uns com os outros. Além disso, a TCC em grupo pode ser uma opção economicamente vantajosa (Okumura & Ichikura, 2014).

Com os avanços tecnológicos, a TCC evoluiu para abraçar novos formatos. A terapia por telefone ou *on-line*, por exemplo, permite que os pacientes acessem a TCC a partir de ambientes fora do consultório do terapeuta. Esse desenvolvimento é particularmente benéfico para pessoas com barreiras geográficas, limitações de mobilidade ou restrições de tempo. Por fim, há a TCC de autoajuda, abordagem na qual os pacientes trabalham de forma independente com materiais terapêuticos, como livros, aplicativos, *websites* ou recursos de áudio que ensinam as técnicas da terapia. A presença ou ausência de orientação por um terapeuta é uma diferença fundamental nesse formato. Alguns pacientes optam por receber orientação enquanto utilizam materiais de autoajuda, ao passo que outros seguem sem orientação profissional.

Uma metanálise em rede* (Cuijpers et al., 2019) que reuniu 155 estudos e mais de 15 mil pacientes comparou diferentes formatos de TCC quanto à efetividade e aceitabilidade para tratamento de sintomas depressivos agudos em adultos. Os diferentes formatos foram comparados entre si e com grupos-controles (lista de espera, atendimento usual e medicamento placebo). Os cinco formatos estudados foram: individual, em grupo, administrado por telefone, autoajuda guiada e não guiada. A eficácia das modalidades de TCC individual, em grupo, por telefone e de autoajuda guiada não diferiu estatisticamente. Entretanto, esses formatos foram significativamente mais eficazes do que as condições de controle, como lista de espera e atendimento usual, e a TCC de autoajuda não guiada. A TCC de autoajuda não guiada não foi superior a grupo-controle em atendimento usual. Em termos de aceitabilidade (abandono do tratamento por qualquer motivo), a TCC individual e em grupo foi significativamente mais aceitável do que a de autoajuda guiada. A TCC de autoajuda guiada também foi menos aceitável do que estar em uma lista de espera ou em atendimento usual.

> **LEMBRAR**
>
> A TCC de autoajuda proporciona flexibilidade e oportuniza o desenvolvimento da autonomia ao longo de sua jornada de recuperação (Karyotaki et al., 2021).

Apesar de essa metanálise em rede (Cuijpers et al., 2019) indicar uma baixa aceitabilidade para TCC de autoajuda e uma eficácia não comprovada da TCC de autoajuda não guiada, outra metanálise (Cuijpers, Miguel, Harrer, Plessen, Ciharova, Ebert, et al., 2023) contou com a incorporação de estudos mais recentes e mostrou que há um

---

* Metanálise em rede: Técnica estatística que permite integrar os resultados de estudos independentes por meio de evidências diretas e indiretas. Diferentemente do modelo tradicional, permite comparar mais de duas intervenções (Cipriani et al., 2013).

pequeno a moderado tamanho de efeito da TCC de autoajuda não guiada para tratamento de sintomas depressivos.

TCC e seus diferentes componentes

A TCC é uma terapia composta por vários tipos de intervenções (Beck, 2005; Mansell, 2008), e os protocolos de intervenção incorporam vários componentes que podem ser utilizados sozinhos ou em várias combinações. Uma revisão sistemática com metanálise em rede (López-López et al., 2019) buscou avaliar se existe diferença na eficácia de alguns componentes em relação a outros ou nas suas diferentes combinações. Diversos componentes foram avaliados, como técnicas cognitivas, ativação comportamental, psicoeducação, lição de casa, resolução de problemas, treinamento de habilidades sociais, relaxamento, estabelecimento de metas, sessão final (capacidade de terminar a terapia de forma planejada e planejar a manutenção de longo prazo dos ganhos após o término do tratamento), TCC baseada em *mindfulness* e terapia de aceitação e compromisso. De acordo com o estudo, não houve nenhuma evidência forte de efeitos específicos de quaisquer componentes de conteúdo ou combinações de componentes.

Enquanto o resultado desse estudo foi baseado em sua maior parte em estudos que utilizaram TCC em formato presencial, outro recente estudo de metanálise em rede (Furukawa et al., 2021) avaliou os diferentes componentes da TCC para aplicação em formato digital. Houve evidência de que componentes de ativação comportamental podem ter efeitos mais benéficos, enquanto o componente de relaxamento pode ter efeitos negativos. O incentivo automatizado por *e-mail* ou mensagem de texto e o encorajamento humano por telefone ou *e-mail* podem aumentar a adesão ao tratamento.

Considerações finais

A TCC é a técnica psicoterápica com o maior número de estudos científicos. As evidências atuais apontam que ela é eficaz para o transtorno depressivo em diferentes contextos e formatos, independentemente da idade. Para a TCC em formato digital, componentes de ativação comportamental podem ser mais efetivos e a intervenção humana guiando ou incentivando a continuidade pode gerar melhor aderência e resposta ao tratamento. Além disso, a TCC se mostra tão efetiva quanto o uso de psicofármacos em curto prazo, mas se mostra mais eficaz em longo prazo, podendo ser um importante aliado na manutenção de ganhos e na prevenção de recaídas.

Referências

Beck, A. T. (1967). *Depression: Clinical, experimental, and theoretical aspects*. Hoeber Medical Division, Harper & Row.

Beck, A. T. (2005). The current state of cognitive therapy: A 40-year retrospective. *Archives of General Psychiatry, 62*(9), 953-959.

Breedvelt, J. J. F., Brouwer, M. E., Harrer, M., Semkovska, M., Ebert, D. D., Cuijpers, P., & Bockting, C. L. H. (2021). Psychological interventions as an alternative and add-on to antidepressant medication to prevent depressive relapse: Systematic review and meta-analysis. *The British Journal of Psychiatry, 219*(4), 538-545.

Chen, H., He, Q., Wang, M., Wang, X., Pu, C., Li, S., & Li, M. (2022). Effectiveness of CBT and its modifications for prevention of relapse/recurrence in depression: A systematic review and meta-analysis of randomized controlled trials. *Journal of Affective Disorders, 319*, 469-481.

Cipriani, A., Higgins, J. P., Geddes, J. R., & Salanti, G. (2013). Conceptual and technical challenges in network meta-analysis. *Annals of Internal Medicine, 159*(2), 130-137.

Cuijpers, P., Karyotaki, E., de Wit, L., & Ebert, D. D. (2020). The effects of fifteen evidence-supported therapies for adult depression: A meta-analytic review. *Psychotherapy Research: Journal of the Society for Psychotherapy Research*, 30(3), 279-293.

Cuijpers, P., Miguel, C., Harrer, M., Plessen, C. Y., Ciharova, M., Ebert, D., & Karyotaki, E. (2023). Cognitive behavior therapy vs. control conditions, other psychotherapies, pharmacotherapies and combined treatment for depression: A comprehensive meta-analysis including 409 trials with 52,702 patients. *World Psychiatry*, 22(1), 105-115.

Cuijpers, P., Miguel, C., Harrer, M., Plessen, C. Y., Ciharova, M., Papola, D., ... Karyotaki, E. (2023). Psychological treatment of depression: A systematic overview of a "Meta-Analytic Research Domain." *Journal of Affective Disorders*, 335, 141-151.

Cuijpers, P., Noma, H., Karyotaki, E., Cipriani, A., & Furukawa, T. A. (2019). Effectiveness and acceptability of cognitive behavior therapy delivery formats in adults with depression: A network meta-analysis. *JAMA Psychiatry*, 76(7), 700-707.

Cuijpers, P., Quero, S., Noma, H., Ciharova, M., Miguel, C., Karyotaki, E., ... Furukawa, T. A. (2021). Psychotherapies for depression: A network meta-analysis covering efficacy, acceptability and long-term outcomes of all main treatment types. *World Psychiatry*, 20(2), 283-293.

Cuijpers, P., Vogelzangs, N., Twisk, J., Kleiboer, A., Li, J., & Penninx, B. W. (2014). Comprehensive meta-analysis of excess mortality in depression in the general community versus patients with specific illnesses. *The American Journal of Psychiatry*, 171(4), 453-462.

Freeman, M. (2022). The World Mental Health Report: Transforming mental health for all. *World Psychiatry*, 21(3), 391-392.

Furukawa, T. A., Suganuma, A., Ostinelli, E. G., Andersson, G., Beevers, C. G., Shumake, J., ... Cuijpers, P. (2021). Dismantling, optimising, and personalising internet cognitive behavioural therapy for depression: A systematic review and component network meta-analysis using individual participant data. *The Lancet*, 8(6), 500-511.

Gautam, S., Jain, A., Gautam, M., Vahia, V. N., & Grover, S. (2017). Clinical practice guidelines for the management of depression. *Indian Journal of Psychiatry*, 59(Suppl 1), S34-S50.

Karyotaki, E., Efthimiou, O., Miguel, C., Bermpohl, F. M. G., Furukawa, T. A., Cuijpers, P., ... Forsell, Y. (2021). Internet-based cognitive behavioral therapy for depression: A systematic review and individual patient data network meta-analysis. *JAMA Psychiatry*, 78(4), 361-371.

King, R. (2002). Cognitive therapy of depression. Aaon Beck, John Rush, Brian Shaw, Gary Emery. New York: Guilford, 1979. *The Australian and New Zealand Journal of Psychiatry*, 36(2), 272-275.

König, H., König, H.-H., & Konnopka, A. (2019). The excess costs of depression: A systematic review and meta-analysis. *Epidemiology and Psychiatric Sciences*, 29, e30.

López-López, J. A., Davies, S. R., Caldwell, D. M., Churchill, R., Peters, T. J., Tallon, D., ... Welton, N. J. (2019). The process and delivery of CBT for depression in adults: A systematic review and network meta-analysis. *Psychological Medicine*, 49(12), 1937-1947.

Mansell, W. (2008). The seven C's of CBT: A consideration of the future challenges for cognitive behaviour therapy. *Behavioural and Cognitive Psychotherapy*, 36(6), 641-649.

Okumura, Y., & Ichikura, K. (2014). Efficacy and acceptability of group cognitive behavioral therapy for depression: A systematic review and meta-analysis. *Journal of Affective Disorders*, 164, 155-164.

Oud, M., de Winter, L., Vermeulen-Smit, E., Bodden, D., Nauta, M., Stone, L., ... Stikkelbroek, Y. (2019). Effectiveness of CBT for children and adolescents with depression: A systematic review and meta-regression analysis. *European Psychiatry*, 57, 33-45.

Thiruchselvam, T., Dozois, D. J. A., Bagby, R. M., Lobo, D. S. S., Ravindran, L. N., & Quilty, L. C. (2019). The role of outcome expectancy in therapeutic change across psychotherapy versus pharmacotherapy for depression. *Journal of Affective Disorders*, 251, 121-129.

Werson, A. D., Meiser-Stedman, R., & Laidlaw, K. (2022). A meta-analysis of CBT efficacy for depression comparing adults and older adults. *Journal of Affective Disorders*, 319, 189-201.

Zakhour, S., Nardi, A. E., Levitan, M., & Appolinario, J. C. (2020). Cognitive-behavioral therapy for treatment-resistant depression in adults and adolescents: A systematic review. *Trends in Psychiatry and Psychotherapy*, 42(1), 92-101.

Capítulo **13**
Manejo e prevenção do risco de suicídio

Augusto Ossamu **Shintani**
Anna Clara Sarmento Leite **Caobelli**
Ives Cavalcante **Passos**

O suicídio, uma das dez principais causas de morte no mundo (Turecki & Brent, 2016), é um fenômeno complexo, com uma etiologia multifatorial e interação de fatores de risco em diversos níveis: individual, ambiental e populacional. Múltiplas pesquisas de autópsia psicológica indicam a elevada presença de transtornos psiquiátricos em indivíduos que falecem por suicídio, com prevalências que variam de 79,3 a 98% (Bertolote et al., 2004; Leahy et al., 2020; Nock et al., 2017).

No entanto, apesar de o suicídio geralmente ser visto como uma resposta a um evento catastrófico, observa-se que muitos pacientes que passam por eventos estressores, incluindo aqueles com transtornos do humor, não fazem a tentativa de suicídio (Oquendo, Perez-Rodriguez et al., 2014; Oquendo, Sullivan et al., 2014). Por sua vez, aumentam as evidências de fatores neurodesenvolvimentais e distais relacionados ao comportamento suicida (Turecki, 2014; Turecki et al., 2012). Nessa esteira, alguns estudos buscam encontrar modelos de assinatura para o comportamento suicida com auxílio de técnicas de aprendizado de máquina (*machine learning*) (Passos et al., 2016).

Um importante avanço na compreensão do suicídio foi a última atualização do *Manual diagnóstico e estatístico de transtornos mentais* (DSM-5-TR). Essa nova edição passou a sugerir o estudo do suicídio como um diagnóstico à parte, de modo a possibilitar o aprofundamento da sua compreensão como um fenômeno com características próprias. Dessa forma, eventuais transtornos psiquiátricos passariam a ser tratados como comorbidades ao "transtorno de comportamento suicida" (American Psychiatric Association [APA], 2022). Nesse sentido, é importante ter presente que, mesmo havendo ideação e/ou comportamento suicida dentro de um quadro depressivo, o seu dinamismo pode transcender o humor rebaixado.

Epidemiologia

Segundo a Organização Mundial da Saúde (OMS), a incidência estimada de suicídio anualmente no mundo é de 703 mil casos, com uma taxa global 2,3 vezes maior em homens do que em mulheres. Em 2019, o suicídio foi responsável por 1,3% das mortes, superando causas como HIV/aids, malária, câncer de mama, guerra ou homicídio (World Health Organization [WHO], 2021). A maior parte das mortes ocorre em países de baixa e média renda, e especialmente entre adolescentes. Entre 2000 e 2019, houve uma redução global de 36% na taxa de suicídio, exceto nas Américas, onde as taxas aumentaram 17% (WHO, 2021). No Brasil, houve um aumento significativo nas taxas de suicídio, com homens apresentando um risco 3,8 vezes maior do que as mulheres e as regiões Sul e Centro-Oeste sendo as mais afetadas. Entre 2010 e 2019, as taxas de suicídio aumentaram 29% entre as mulheres e 26% entre os homens, destacando um aumento de 81% nas taxas entre adolescentes no Brasil. Entre os meios de violência autoprovocada, o envenenamento foi o mais empregado para a tentativa de suicídio (60,2%), seguido por objeto cortante (16,2%) e enforcamento (6,2%) (Ministério da Saúde, 2021).

Fatores de risco

Os fatores de risco para a ideação e o comportamento suicida são diversos, abrangendo dimensões sociodemográficas, psicossociais, biológicas e genéticas. Embora nenhum desses fatores seja suficiente por si só para determinar a ocorrência do fenômeno, cada um deles contribui para tal desfecho. Na atuação clínica, a avaliação dos fatores de risco é importante para o entendimento do caso e para ajudar a direcionar a intervenção clínica, principalmente com relação aos fatores modificáveis.

Os principais fatores de risco são apresentados no **Quadro 13.1**

Quadro 13.1
Fatores de risco para ideação e comportamento suicida

Fatores sociodemográficos	- Sexo masculino - Indivíduos que se relacionam com outros do mesmo sexo - Morar sozinho - Determinados estados civis, como solteiro(a), divorciado(a) ou viúvo(a)
Comorbidades psiquiátricas	- Depressão - Transtorno bipolar - Transtorno por uso de substâncias e outras adições - Ansiedade

➜

Quadro 13.1
Fatores de risco para ideação e comportamento suicida

	• Transtorno da personalidade *borderline* • Transtorno de déficit de atenção/hiperatividade • Transtornos psicóticos • Distúrbios do sono e insônia • Outros transtornos psiquiátricos
Fatores psicológicos e emocionais	• Histórico de tentativa de suicídio ou de autolesão • Abuso físico, sexual ou emocional na infância ou adolescência • Negligência parental • Eventos traumáticos • Desesperança • Insatisfação com a vida • Baixa capacidade de resolução de problemas • Baixo limiar de tolerância e baixo grau de resiliência • Elevado grau de neuroticismo • Impulsividade • Irritabilidade e violência • Baixos níveis de autocontrole cognitivo e emocional • Introversão acentuada • Luto complicado
Fatores sociocontextuais e sócio-situacionais	• Histórico familiar de transtornos psiquiátricos • Primeiras semanas após alta da internação psiquiátrica • Período que precede o início do tratamento • Falecimento de parente ou pessoa próxima por suicídio • Contato com reportagens midiáticas de outros suicídios • Acesso a meios letais • Enfermidade crônica • Desemprego • Revés econômico • Baixo nível de integração social, como alguns casos de imigrantes • Discapacidade • Contexto ou acontecimentos vitais estressantes • Rede social de apoio pouco desenvolvida • Estar institucionalizado

Fonte: Elaborado com base em Hawton et al. (2013), Lawrence et al. (2016) e Turecki e Brent (2016).

Fatores de proteção

Dentre os diversos fatores que protegem uma pessoa do suicídio, destacam-se a presença de vínculos robustos, a existência de uma rede de apoio bem-desenvolvida e a responsabilidade por crianças pequenas. Além disso, ter uma crença ou uma religião (Koenig et al., 2012; Wu et al., 2015), cultivar a espiritualidade (VanderWeele et al., 2016), estar empregado, ter características de extroversão e otimismo, ter tolerância à frustração, ter capacidade de resolução de problemas, estar em acompanhamento com profissional da área da saúde mental e ter a comorbidade psiquiátrica tratada também são fatores associados a menor risco de suicídio.

Os principais fatores de proteção para ideação e comportamento suicida são apresentados no **Quadro 13.2**.

Avaliação de indivíduos em risco de suicídio

Avaliação diagnóstica

A avaliação diagnóstica do risco de suicídio é uma tarefa complexa, que exige um olhar cuidadoso e um suficiente preparo técnico. Todo paciente com queixas psiquiátricas deve ser avaliado quanto ao risco de suicídio. Para tanto, é oportuno o uso de bons instrumentos de avaliação acompanhado de uma entrevista clínica cuidadosa.

Instrumentos de avaliação para risco de suicídio e correlatos clínicos

Sugere-se a utilização de escalas específicas para avaliar a ideação e/ou comportamento suicida, como a Columbia-Suicide Severity Rating Scale (C-SSRS) (Posner et al., 2011), a Beck Scale for Suicidal Ideation (BSSI), a Suicide Intent Scale (SIS) e o Suicide Behavior Questionnaire (SBQ). Além disso, escalas que avaliam depressão e têm perguntas específicas sobre ideação e comportamento suicida também são importantes, como a Hamilton Depression Rating Scale (HDRS), a Montgomery-Åsberg Depression Rating Scale (MADRS), a versão II do Beck Depression Inventory (BDI-II). Por fim, outras escalas de correlatos clínicos do suicídio são o Reasons for Living Inventory

Quadro 13.2
Fatores de proteção para ideação e comportamento suicida

Fatores sociodemográficos	• Ter uma crença ou religião • Cultivo da espiritualidade
Comorbidades psiquiátricas	• Estar em acompanhamento com profissional da área da saúde mental • Ter a comorbidade psiquiátrica tratada
Fatores psicológicos e emocionais	• Extroversão • Otimismo • Tolerância à frustração • Capacidade de resolução de problemas • Medo da morte
Fatores sociocontextuais e sócio-situacionais	• Presença de vínculos robustos • Rede de apoio bem-desenvolvida • Ser responsável por crianças pequenas • Engajamento no trabalho ou na escola • Identificar razões para viver

Fonte: Elaborado com base em Anseán e Acinas (2014), Cordioli et al. (2023) e Lawrence et al. (2016).

(RFL), a Beck Hopelessness Scale (BHS), a Barratt Impulsiveness Scale (BIS-11), a Plutchik's Impulsivity Scale (IS) e o Buss-Durkee Hostility Inventory (BDHI).

Entrevista clínica

Nos casos de suspeita de risco de suicídio, deve-se realizar uma avaliação clínica mais aprofundada. Alguns aspectos devem ser investigados com atenção, tais como (APA, 2022; Turecki & Brent, 2016):

- **Comportamento suicida**:
    - Histórico de comportamento suicida
    - Grau de detalhamento do planejamento suicida atual
    - Letalidade do método de suicídio para tentativas prévias e/ou planejamento suicida atual
    - Acesso a métodos de suicídio

Observação: Dependendo do instrumento de avaliação do risco de suicídio empregado, essas perguntas podem ser omitidas.

- **Questões psiquiátricas**:
    - Avaliação detalhada de sintomas e comorbidades psiquiátricas
    - Histórico de tratamentos psiquiátricos
    - Histórico familiar de suicidalidade
    - Aderência aos tratamentos psiquiátricos e psicoterápicos
    - Medicação em uso e histórico
- **Estressores e eventos adversos**:
    - Presença de eventos adversos de vida recentes (p. ex., divórcio, desemprego, diagnóstico de uma doença clínica grave) e histórico de eventos adversos ou traumáticos
- **Fatores de risco e proteção para o suicídio** (vide seções anteriores).

- **Outras questões**:
    - Existência de suporte social
    - Uso de estratégias de enfrentamento
    - Presença de impulsividade
    - Ambivalência, desesperança, pensamentos de desvalia, cognições relacionadas ao suicídio e vieses no processamento de informações
    - Déficit na resolução de problemas
    - Perfeccionismo e outras atitudes disfuncionais

> **IMPORTANTE**
>
> É sempre recomendável fazer uma entrevista com um informante qualificado, para obtenção de informações complementares.

Tratamento de indivíduos em risco de suicídio

Princípios gerais

1. **Tratamento multidisciplinar**: Devido à complexidade do fenômeno, na maioria dos casos, é necessário tratamento multidisciplinar, experiência e competência dos profissionais para abordarem as particularidades de cada caso (Turecki et al., 2019).
2. **Heterogeneidade dos casos** (Turecki & Brent, 2016): Exige um olhar apurado para o estado e as circunstâncias atuais do paciente, bem como ter presente sua

história clínica, contexto socioambiental e eventos significativos ao longo da vida (Wenzel et al., 2009). É fundamental certificar-se das particularidades e nuanças de cada caso.
3. **Envolver a rede de suporte**: Dada a gravidade dos casos de risco de suicídio, as chances de sucesso do tratamento aumentam com o envolvimento da rede de suporte do paciente (O'Connor & Nock, 2014).
4. **Restrição de direitos como meio de proteção**: Algumas medidas que restringem determinados direitos da pessoa tornam-se razoáveis, justificadas e necessárias em alguns casos (p. ex., a quebra de sigilo para alertar a rede de apoio sobre o risco de suicídio ou a restrição temporária de liberdade por meio da internação hospitalar).
5. **Fomentar intervenção multidimensional**: Intervenções que abarquem mais dimensões do ser humano (biopsicossocial e espiritual), de modo geral, tendem a ter melhores prognósticos (Turecki et al., 2019).
6. **Personalização do tratamento**: Assimilando de forma mais eficiente as características e peculiaridades do caso, aumentam-se as chances de as intervenções terem melhores efeitos terapêuticos. Intervenções adaptadas ao contexto e às circunstâncias do indivíduo são essenciais nos casos de risco de suicídio, já que admitem menos espaço para intervenções inócuas ou com pouca repercussão terapêutica.
7. **Escuta empática e aliança terapêutica**: São elementos fundamentais no manejo e que, em muitos casos, juntamente com o tratamento farmacológico, serão o núcleo da intervenção (Wenzel et al., 2009).

Abordagem inicial

O contato inicial com um paciente em risco de suicídio deve ser marcado por uma escuta empática atenta, que proporcione ao paciente apoio e segurança. O manejo de pacientes com pensamentos suicidas requer uma avaliação cuidadosa da situação, identificando fatores de risco e de proteção. Para essa avaliação, podem-se empregar instrumentos como a C-SSRS (Posner et al., 2011) ou realizar uma entrevista clínica especializada, considerada como padrão-ouro na avaliação. Quando o risco é considerado elevado, como em casos em que há um plano específico de suicídio, meios disponíveis e a intenção de realizá-lo, é imperativo encaminhar o paciente para internação (Cordioli et al., 2023). Adicionalmente, para pacientes de risco baixo ou moderado, pode-se aplicar o recurso de elaborar um "plano de segurança" com o paciente, conforme descrito na última seção deste capítulo. No caso de tentativa de suicídio, independentemente do método utilizado, a prioridade é estabilizar o estado clínico do indivíduo. Uma vez alcançada a estabilização, a decisão sobre internação na área de emergência, transferência para uma unidade psiquiátrica ou encaminhamento para acompanhamento ambulatorial deve ser baseada na avaliação do risco de uma nova tentativa, na gravidade do método empregado e nas condições da rede de apoio do paciente.

Tratamento farmacológico

De acordo com as evidências científicas existentes, alguns medicamentos apresentam benefícios no tratamento de pacientes com risco de suicídio (Cordioli et al., 2023; Turecki & Brent, 2016), conforme apresentado no **Quadro 13.3**.

Terapia cognitivo-comportamental

A terapia cognitivo-comportamental (TCC) para suicídio é um tratamento amplamente consolidado na literatura, demonstrando eficácia na redução de comportamentos autolesivos e na reincidência de tentativa de suicido (Gøtzsche & Gøtzsche, 2017). A natureza resolutiva da TCC a torna uma boa opção de abordagem terapêutica para o manejo da ideação e do comportamento suicida. Um ensaio clínico randomizado controlado evidenciou que os participantes que receberam TCC apresentaram 50% menos chances de nova tentativa de suicídio no período de acompanhamento de 18 meses (Brown et al., 2005).

Um ponto importante que diferencia a TCC no tratamento de casos com risco de suicídio é a existência de um leque amplo de estratégias cognitivas e comportamentais que podem ser empregadas, como as que serão discutidas a seguir. Inicialmente salientaremos alguns correlatos clínicos a serem abordados na TCC para suicídio. Em seguida, apresentaremos de forma esquemática (**Fig. 13.1**) o modelo proposto por Wenzel et al. (2009) para uma TCC para o suicídio. E, por fim, apresentaremos de forma sintética uma das principais ferramentas da TCC para enfrentamento da ideação e crise suicida, classicamente nomeada como plano de segurança (Stanley & Brown, 2012; Wenzel et al., 2009).

Quadro 13.3
Medicação para pacientes com risco de suicídio

Medicação	Uso
Cetamina e escetamina	Demonstraram resposta rápida no tratamento de sintomas de humor em depressão e transtorno bipolar, também apresentaram ação rápida no tratamento de ideação suicida.
Lítio	Em pacientes com transtornos do humor, mostrou benefício em reduzir mortes por suicídio, tentativas de suicídio e outros comportamentos autolesivos (Cipriani et al., 2013). Apesar de o mecanismo terapêutico ainda não ter sido elucidado, a melhora pode se associar tanto ao tratamento de episódios agudos de humor quanto à redução de impulsividade e agressividade.
Clozapina	Apresentou impacto positivo na redução de ideação e tentativas de suicídio em pacientes com esquizofrenia e transtorno esquizoafetivo.
Antidepressivos	O tratamento de depressão maior com antidepressivos, principalmente inibidores seletivos da recaptação de serotonina (ISRSs), apresentou benefícios na redução da suicidalidade.

Fonte: Elaborado com base em Cordioli et al. (2023).

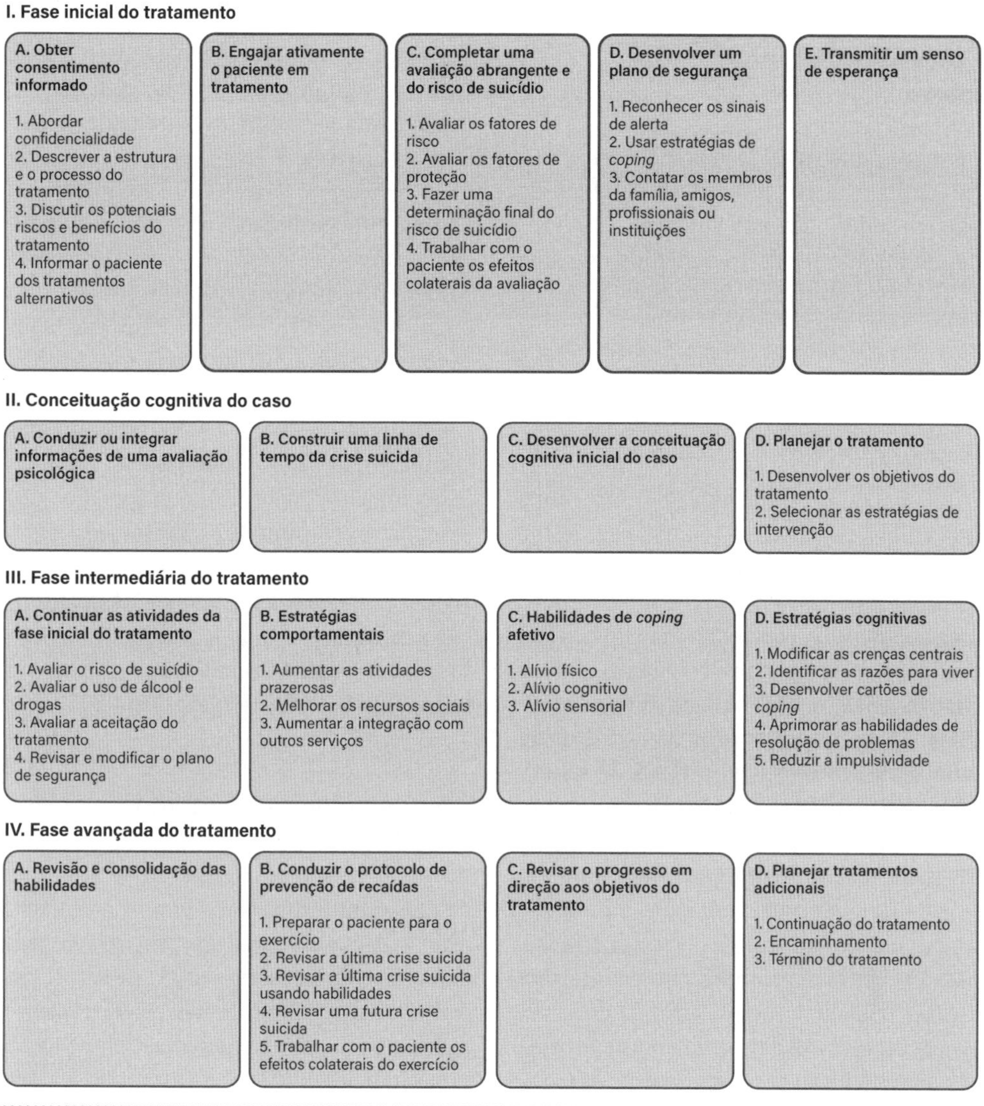

I. Fase inicial do tratamento

A. Obter consentimento informado
1. Abordar confidencialidade
2. Descrever a estrutura e o processo do tratamento
3. Discutir os potenciais riscos e benefícios do tratamento
4. Informar o paciente dos tratamentos alternativos

B. Engajar ativamente o paciente em tratamento

C. Completar uma avaliação abrangente e do risco de suicídio
1. Avaliar os fatores de risco
2. Avaliar os fatores de proteção
3. Fazer uma determinação final do risco de suicídio
4. Trabalhar com o paciente os efeitos colaterais da avaliação

D. Desenvolver um plano de segurança
1. Reconhecer os sinais de alerta
2. Usar estratégias de *coping*
3. Contatar os membros da família, amigos, profissionais ou instituições

E. Transmitir um senso de esperança

II. Conceituação cognitiva do caso

A. Conduzir ou integrar informações de uma avaliação psicológica

B. Construir uma linha de tempo da crise suicida

C. Desenvolver a conceituação cognitiva inicial do caso

D. Planejar o tratamento
1. Desenvolver os objetivos do tratamento
2. Selecionar as estratégias de intervenção

III. Fase intermediária do tratamento

A. Continuar as atividades da fase inicial do tratamento
1. Avaliar o risco de suicídio
2. Avaliar o uso de álcool e drogas
3. Avaliar a aceitação do tratamento
4. Revisar e modificar o plano de segurança

B. Estratégias comportamentais
1. Aumentar as atividades prazerosas
2. Melhorar os recursos sociais
3. Aumentar a integração com outros serviços

C. Habilidades de *coping* afetivo
1. Alívio físico
2. Alívio cognitivo
3. Alívio sensorial

D. Estratégias cognitivas
1. Modificar as crenças centrais
2. Identificar as razões para viver
3. Desenvolver cartões de *coping*
4. Aprimorar as habilidades de resolução de problemas
5. Reduzir a impulsividade

IV. Fase avançada do tratamento

A. Revisão e consolidação das habilidades

B. Conduzir o protocolo de prevenção de recaídas
1. Preparar o paciente para o exercício
2. Revisar a última crise suicida
3. Revisar a última crise suicida usando habilidades
4. Revisar uma futura crise suicida
5. Trabalhar com o paciente os efeitos colaterais do exercício

C. Revisar o progresso em direção aos objetivos do tratamento

D. Planejar tratamentos adicionais
1. Continuação do tratamento
2. Encaminhamento
3. Término do tratamento

Figura 13.1
Modelo proposto por Wenzel et al. (2009) para uma terapia cognitivo-comportamental para o suicídio.

Existem diversas psicoterapias cognitivo-comportamentais, como as de terceira onda, bem como outros tratamentos com eficácia no tratamento dos casos de suicídio. A terapia comportamental dialética (DBT) (McCauley et al., 2018), as intervenções baseadas em *mindfulness* (MBI) (Schmelefske et al., 2022) e as técnicas de neuromodulação, como a eletroconvulsoterapia (ECT) e a estimulação magnética transcraniana repetitiva (EMTr) (Chen et al., 2022; Croarkin et al., 2018; Rhee et al., 2021), são exemplos dessas ferramentas, porém, elas não serão esmiuçadas aqui por não serem o foco deste capítulo.

Correlatos clínicos relacionados ao suicídio

Diversos construtos psicológicos são mais característicos em indivíduos suicidas do que em indivíduos não suicidas – e é fundamental que sejam trabalhados em uma TCC para o suicídio. Relatamos a seguir brevemente alguns deles.

Desesperança

A desesperança, caracterizada como uma expectativa negativa em relação a si mesmo ou ao futuro, denota a tendência de superestimar eventos adversos e subestimar a probabilidade de ocorrências positivas. Tais sentimentos estão correlacionados com o risco de suicídio, uma vez que sua persistência tem papel importante na decisão de fazer uma tentativa de suicídio (Beck & Alford, 2009; Serafini et al., 2020). Dentro de um quadro depressivo, o construto que em muitos casos discriminaria quem tem intenção suicida de quem não tem seria a desesperança (Ellis & Ratliff, 1986). Nesse contexto, para pacientes deprimidos que manifestam ideação suicida, a modificação da desesperança torna-se um fator a ser abordado, uma vez que a redução desse sentimento associa-se a uma diminuição do comportamento suicida (Jacobs et al., c2010).

Cognições relacionadas ao suicídio

Um ato autolesivo de um paciente que não tem a intenção de morrer pode estar relacionado a cognições de aliviar a própria angústia, "sentir algo", induzir autopunição, entre outras. As cognições dos pacientes que tentam o suicídio vão depender das motivações que os levaram a realizar a tentativa, geralmente envolvendo o desejo de encerrar a própria vida ou, pelo menos, o reconhecimento da probabilidade de isso ocorrer (Turecki & Brent, 2016).

Outra vulnerabilidade cognitiva no comportamento suicida são os vieses do processamento de informação. Segundo a teoria cognitiva desenvolvida por Beck e colaboradores, um viés cognitivo refere-se à informação processada de maneira irrealisticamente negativa (Beck, 1979). Pensamentos disfuncionais são tendenciosos, contêm erros lógicos e não são bem-apoiados por evidências. Na literatura, distorções como a tendência ao pensamento dicotômico e a rigidez cognitiva, assim como a sua repetição e ruminação foram identificados em estudos sobre vulnerabilidades cognitivas em indivíduos suicidas (Rogers et al., 2017).

Impulsividade aumentada

A impulsividade se refere à propensão para agir de forma impulsiva, sem restrições e sem levar em consideração as possíveis consequências (Burnett Heyes et al., 2012). É um construto multidimensional, sendo considerado um fator temperamental, associado a uma tendência biológica e a estímulos recém-introduzidos, e correlacionado a complexos aspectos neurais (Dalley et al., 2011). A existência de comportamento impulsivo pode ampliar o risco de suicídio mesmo na ausência de depressão e desesperança, uma vez que implica decisões precipitadas, com pouca reflexão sobre as sérias consequências negativas (Spokas et al., 2012). Assim, pessoas com maior traço de impulsividade e pensamentos suicidas são consideradas como pacientes de maior risco para colocar em prática tais pensamentos (Millner et al., 2020).

Déficit na resolução de problemas

A resolução de problemas é um processo cognitivo que envolve identificar um problema e suas causas, gerar soluções e implementá-las. Além das distorções cognitivas, o déficit na resolução de problemas é outra vulnerabilidade cognitiva presente em pacientes que manifestam comportamento suicida. Esse déficit inclui a geração de menos alternativas de soluções para seus problemas (Schotte & Clum, 1987). Eventualmente, esses pacientes podem enxergar o comportamento suicida como uma saída, devido à dificuldade em encontrar outras soluções.

Perfeccionismo

De acordo com a TCC, eventos estressantes da vida podem ativar atitudes disfuncionais e um viés cognitivo (Wenzel et al., 2009). O perfeccionismo é um tipo de atitude disfuncional que se correlaciona com o comportamento suicida por meio de um padrão rígido de esforço excessivo, muitas vezes com característica autodestrutiva (Dunkley & Blankstein, 2000). Essa autocobrança leva à ativação dos vieses cognitivos e, por consequência, esses pensamentos e interpretações disfuncionais podem levar à ideação suicida.

Plano de segurança

O plano de segurança (Stanley & Brown, 2012; Wenzel et al., 2009) é um plano estruturado elaborado em conjunto com o paciente no qual se hierarquizam estratégias de *coping* para lidar com a crise suicida. No momento da crise, a capacidade de resolução de problemas do paciente muitas vezes está limitada. Ter um plano preestabelecido de enfrentamento pode evitar sua entrada na espiral crescente da crise.

Uma vantagem significativa dessa ferramenta em relação a outras estratégias é munir o paciente de recursos para lidar com o momento da crise, diminuindo a sensação de impotência e sintomas de ansiedade associados. Dessa forma, pode-se ajudar o paciente a limitar o receio de não saber lidar com uma eventual nova crise. A cada crise manejada com o emprego dessa estratégia, o paciente fortalece sua autoconfiança, favorecendo uma visão mais esperançosa em relação ao seu futuro.

No momento da crise, o paciente iniciará a primeira etapa do plano. Caso essa etapa não seja bem-sucedida, passará para a próxima. De forma breve e resumida, apresentamos no **Quadro 13.4** as etapas preconizadas pelo plano de segurança.

Quadro 13.4
Etapas do plano de segurança

Etapa	Descrição	Exemplos
1 – Sinais de alerta	Nesta fase, reconhecem-se os sinais de alerta que precedem as crises suicidas.	Querer ir dormir e não acordar mais; querer se ferir; ter pensamentos disfuncionais, como "Eu não vou mais aguentar isso".

➜

Quadro 13.4
Etapas do plano de segurança

Etapa	Descrição	Exemplos
2 – Estratégias de coping	Nesta fase, listam-se as estratégias de *coping* solo (que podem ser utilizadas para se contatar outras pessoas).	Escutar música; sair para caminhar; respirar de forma controlada; tomar banho quente ou frio; fazer exercícios; cozinhar.
3 – Contatar outras pessoas	Nesta fase, listam-se as estratégias de *coping* relacionais (contatando amigos ou familiares).	Contatar amigo x (telefone); contatar familiar y (telefone); contactar outra pessoa (telefone).
4 – Contatar profissional da área da saúde mental	Nesta fase, listam-se as estratégias de *coping* com profissionais especializados (contatando terapeutas, psiquiatras e serviços de saúde).	Contatar psicólogo x (telefone); contatar psiquiatra y (telefone); contatar outro médico (telefone); contatar emergência psiquiátrica (telefone); contatar Centro de Valorização da Vida (CVV) (telefone).

Fonte: Elaborado com base em Wenzel et al. (2010).

Referências

American Psychiatric Association (APA). (2022). *Diagnostic and statistical manual of mental disorders: DSM-5-TR* (5th ed. rev.). APA.

Anseán, A., & Acinas, M. P. A. (2014). *Suicidios: Manual de prevención, intervención y postvención de la conducta suicida.* FSME.

Beck, A. T. (1979). *Cognitive therapy of depression.* Guilford.

Beck, A. T., & Alford, B. A. (2009). *Depression: Causes and treatment.* University of Pennsylvania.

Bertolote, J. M., Fleischmann, A., De Leo, D., & Wasserman, D. (2004). Psychiatric diagnoses and suicide: Revisiting the evidence. *Crisis, 25*(4), 147-155.

Brown, G. K., Ten Have, T., Henriques, G. R., Xie, S. X., Hollander, J. E., & Beck, A. T. (2005). Cognitive therapy for the prevention of suicide attempts: A randomized controlled trial. *JAMA Psychiatry, 294*(5), 563-570.

Burnett Heyes, S., Adam, R. J., Urner, M., van der Leer, L., Bahrami, B., Bays, P. M., & Husain, M. (2012). Impulsivity and rapid decision-making for reward. *Frontiers in Psychiatry, 3*, 153.

Chen, G. W., Hsu, T. W., Ching, P. Y., Pan, C. C., Chou, P. H., & Chu, C. S. (2022). Efficacy and tolerability of repetitive transcranial magnetic stimulation on suicidal ideation: A systemic review and meta-analysis. *Frontiers in Psychiatry, 13*, 884390.

Cipriani, A., Hawton, K., Stockton, S., & Geddes, J. R. (2013). Lithium in the prevention of suicide in mood disorders: Updated systematic review and meta-analysis. *British Medical Journal, 346*, f3646.

Cordioli, A. V., Gallois, C. B., & Passos, I. C. (2023). *Psicofármacos: Consulta rápida.* Artmed.

Croarkin, P. E., Nakonezny, P. A., Deng, Z. D., Romanowicz, M., Voort, J. L. V., Camsari, D. D., ... Lewis, C. P. (2018). High-frequency repetitive TMS for suicidal ideation in adolescents with depression. *Journal of Affective Disorders, 239*, 282-290.

Dalley, J. W., Everitt, B. J., & Robbins, T. W. (2011). Impulsivity, compulsivity, and top-down cognitive control. *Neuron, 69*(4), 680-694.

Dunkley, D. M., & Blankstein, K. R. (2000). Self-critical perfectionism, coping, hassles, and current distress: A structural equation modeling approach. *Cognitive Therapy and Research, 24*(6), 713-730.

Ellis, T. E., & Ratliff, K. G. (1986). Cognitive characteristics of suicidal and nonsuicidal psychiatric inpatients. *Cognitive Therapy and Research, 10*(6), 625-634.

Gøtzsche, P. C., & Gøtzsche, P. K. (2017). Cognitive behavioural therapy halves the risk of repeated suicide attempts: Systematic review. *Journal of the Royal Society of Medicine, 110*(10), 404-410.

Hawton, K., Casañas, I., Comabella, C., Haw, C., & Saunders, K. (2013). Risk factors for suicide in individuals with depression: A systematic review. *Journal of Affective Disorders, 147*(1-3), 17-28.

Jacobs, D., Baldessarini, R., Conwell, Y., Fawcett, J., Horton, L., Meltzer, H., ... Simon, R. I. (c2010). *Practice guidelines for the assessment and treatment of patients with suicidal behaviors*. APA.

Koenig, H. G., King, D., & Carson, V. B. (2012). *Handbook of religion and health*. Oxford University.

Lawrence, R. E., Oquendo, M. A., & Stanley, B. (2016). Religion and suicide risk: A systematic review. *Archives of Suicide Research, 20*(1), 1-21.

Leahy, D., Larkin, C., Leahy, D., McAuliffe, C., Corcoran, P., Williamson, E., & Arensman, E. (2020). The mental and physical health profile of people who died by suicide: Findings from the Suicide Support and Information System. *Social Psychiatry and Psychiatric Epidemiology, 55*(11), 1525-1533.

McCauley, E., Berk, M. S., Asarnow, J. R., Adrian, M., Cohen, J., Korslund, K., ... Linehan, M. M. (2018). Efficacy of dialectical behavior therapy for adolescents at high risk for suicide: A randomized clinical trial. *JAMA Psychiatry, 75*(8), 777-785.

Millner, A. J., Lee, M. D., Hoyt, K., Buckholtz, J. W., Auerbach, R. P., & Nock, M. K. (2020). Are suicide attempters more impulsive than suicide ideators? *General Hospital Psychiatry, 63*, 103-110.

Ministério da Saúde. (2021). Mortalidade por suicídio e notificações de lesões autoprovocadas no Brasil. *Boletim Epidemiológico, 55*(33), 1-10.

Nock, M. K., Dempsey, C. L., Aliaga, P. A., Brent, D. A., Heeringa, S. G., Kessler, R. C., ... Benedek, D. (2017). Psychological autopsy study comparing suicide decedents, suicide ideators, and propensity score matched controls: Results from the study to assess risk and resilience in service members (Army STARRS). *Psychological Medicine, 47*(15), 2663-2674.

O'Connor, R. C., & Nock, M. K. (2014). The psychology of suicidal behaviour. *Lancet Psychiatry, 1*(1), 73-85.

Oquendo, M. A., Perez-Rodriguez, M. M., Poh, E., Sullivan, G., Burke, A. K., Sublette, M. E., ... Galfalvy, H. (2014). Life events: A complex role in the timing of suicidal behavior among depressed patients. *Molecular Psychiatry, 19*(8), 902-909.

Oquendo, M. A., Sullivan, G. M., Sudol, K., Baca-Garcia, E., Stanley, B. H., Sublette, M. E., & Mann, J. J. (2014). Toward a biosignature for suicide. *The American Journal of Psychiatry, 171*(12), 1259-177.

Passos, I. C., Mwangi, B., Cao, B., Hamilton, J. E., Wu, M. J., Zhang, X. Y., et al. (2016). Identifying a clinical signature of suicidality among patients with mood disorders: A pilot study using a machine learning approach. *Journal of Affective Disorders, 193*, 109-116.

Posner, K., Brown, G. K., Stanley, B., Brent, D. A., Yershova, K. V., Oquendo, M. A., ... Mann, J. J. (2011). The Columbia-suicide severity rating scale: Initial validity and internal consistency findings from three multisite studies with adolescents and adults. *The American Journal of Psychiatry, 168*(12), 1266-1277.

Rhee, T. G., Sint, K., Olfson, M., Gerhard, T., H. Busch, S., Wilkinson, S. T. (2021). Association of ECT with risks of all-cause mortality and suicide in older medicare patients. *The American Journal of Psychiatry, 178*(12), 1089-1097.

Rogers, M. L., Schneider, M. E., Tucker, R. P., Law, K. C., Anestis, M. D., & Joiner, T. E. (2017). Overarousal as a mechanism of the relation between rumination and suicidality. *Journal of Psychiatric Research, 92*, 31-37.

Schmelefske, E., Per, M., Khoury, B., & Heath, N. (2022). The effects of mindfulness-based interventions on suicide outcomes: A meta-analysis. *Archives of Suicide Research, 26*(2), 447-464.

Schotte, D. E., & Clum, G. A. (1987). Problem-solving skills in suicidal psychiatric patients. *Journal of Consulting and Clinical Psychology, 55*(1), 49-54.

Serafini, G., Lamis, D. A., Aguglia, A., Amerio, A., Nebbia, J., Geoffroy, P. A., ... Amore, M. (2020). Hopelessness and its correlates with clinical outcomes in an outpatient setting. *Journal of Affective Disorders, 263*, 472-479.

Spokas, M., Wenzel, A., Brown, G. K., & Beck, A. T. (2012). Characteristics of individuals who make impulsive suicide attempts. *Journal of Affective Disorders, 136*(3), 1121-1125.

Stanley, B., & Brown, G. K. (2012). Safety planning intervention: A brief intervention to mitigate suicide Risk. *Cognitive and Behavioral Practice, 19*(2), 256-264.

Turecki, G. (2014). The molecular bases of the suicidal brain. *Nature Reviews Neuroscience, 15*(12), 802-816.

Turecki, G., & Brent, D. A. (2016). Suicide and suicidal behaviour. *Lancet, 387*(10024), 1227-1239.

Turecki, G., Brent, D. A., Gunnell, D., O'Connor, R. C., Oquendo, M. A., Pirkis, J., & Stanley, B. H. (2019). Suicide and suicide risk. *Nature Reviews. Disease Primers, 5*(1), 74.

Turecki, G., Ernst, C., Jollant, F., Labonté, B., & Mechawar, N. (2012). The neurodevelopmental origins of suicidal behavior. *Trends in Neurosciences, 35*(1), 14-23.

VanderWeele, T. J., Li, S., Tsai, A. C., & Kawach,i I. (2016). Association between religious service attendance and lower suicide rates among US women. *JAMA Psychiatry, 73*(8), 845-851.

Wenzel, A., Brown, G. K., & Beck, A. T. (2009). *Cognitive therapy for suicidal patients: Scientific and clinical applications*. APA.

World Health Organization (WHO). (2021). *Suicide worldwide in 2019*. WHO.

Wu, A., Wang, J. Y., & Jia, C. X. (2015). Religion and completed suicide: A meta-analysis. *PLoS One, 10*(6), e0131715.

Capítulo **14**

Intervenções digitais no combate à depressão: expectativas futuras

Júlio César **Bebber**
Daniela Tusi **Braga**
Analise de Souza **Vivan**
Gabriel Gonçalves **Veloso**
Ives Cavalcante **Passos**

O transtorno depressivo maior (TDM) é um problema mental comum e, em alguns casos, incapacitante, que afeta milhões de pessoas em todo o mundo. Apesar da existência de tratamentos bem-sucedidos, observa-se uma lacuna significativa entre a quantidade de casos diagnosticados e o acesso adequado aos cuidados necessários. Essa diferença é particularmente marcante quando se compara países de alta renda com os de baixa a média renda. Uma revisão sistemática, que analisou dados publicados entre 2000 e 2019, mostrou que o acesso a tratamento básico de saúde varia: países ricos têm taxa de acesso de 51%, enquanto países mais pobres têm taxa de somente 20%. Essa disparidade se acentua ainda mais quando se trata de acesso a serviços especializados em saúde mental, reduzindo as taxas à metade. Além disso, o oferecimento de tratamento minimamente adequado varia de 23%, em países de alta renda, a 3%, em países de média a baixa renda (Moitra et al., 2022). Esses números preocupantes mostram a urgência de encontrar ideias novas para superar obstáculos e tornar os tratamentos mais acessíveis e eficazes.

Segundo relatório da Organização Mundial da Saúde (OMS), de 2022, muitos casos não recebem tratamento devido à falta de serviços de saúde e de profissionais especializados, bem como ao estigma ligado a doenças mentais (Evans-Lacko et al., 2018). Diante desse cenário, as soluções digitais surgem como uma esperança para diminuir a falta de acesso aos cuidados, oferecendo tratamentos acessíveis e de baixo custo. O uso da tecnologia integrada à saúde ganhou reconhecimento durante a pandemia de covid-19, no entanto o interesse e o desenvolvimento dessa área é anterior a esse período (Torous et al., 2021). As intervenções digitais vão muito além do uso de prontuários eletrônicos ou do atendimento *on-line*. Os dispositivos móveis, como os *smartpho-*

nes, estão desempenhando um papel fundamental, impulsionado por sua portabilidade, conectividade *wireless*, custo acessível e capacidade de coletar dados de maneiras inovadoras (Torous et al., 2021).

Neste capítulo, exploramos como as ferramentas digitais podem apoiar a avaliação e o tratamento da depressão. Ao discutir questões fundamentais sobre a coleta de dados, abordamos intervenções digitais como o uso de aplicativos móveis (apps) e outras tecnologias que oferecem cuidados de saúde mental mais acessíveis, confortáveis e personalizados. Além disso, damos atenção aos benefícios e limitações dessas abordagens, com base em evidências científicas disponíveis até o momento.

Clínica digital em saúde mental

O conceito de clínica digital tem ganhado espaço na literatura recente. Trata-se de uma maneira de implementar soluções para integrar as inovações digitais aos modelos de cuidados tradicionais para avaliação, tratamento e gerenciamento de pacientes com transtornos mentais. Diferentemente da telepsiquiatria, que oferece atendimentos síncronos, a clínica digital utiliza tecnologias assíncronas, como aplicativos e sensores, para coletar dados abrangentes e informar o cuidado, complementando a consulta ou teleconsulta ao trazer novos dados e oferecer maior suporte aos pacientes entre esses encontros. Esse modelo de clínica já está operando no Beth Israel Deaconess Medical Center (BIDMC), em Boston, Massachusetts, e busca complementar o tratamento em saúde mental com a integração de ferramentas tecnológicas, dando ênfase à construção de uma aliança terapêutica sólida, ao cuidado baseado em medidas (escalas de avaliação aplicadas sistematicamente) e à tomada de decisão compartilhada entre profissional e paciente. Tal clínica destaca o papel de um "navegador digital", um novo membro da equipe clínica capaz de guiar o paciente ao longo do seu tratamento (Rodriguez-Villa et al., 2020). Em suma, o conceito de clínica digital representa um avanço promissor na prestação de cuidados de saúde mental, permitindo maior alcance, personalização e suporte contínuo aos pacientes em sua jornada de tratamento e recuperação.

Intervenções digitais no combate à depressão

As intervenções digitais trazem inovação à saúde mental, oferecendo recursos acessíveis por meio de dispositivos eletrônicos, como *smartphones*, *tablets* e computadores. Utilizando tecnologia, fornecem apoio, tratamento e acompanhamento, criando novas possibilidades para profissionais e pacientes. De acordo com um estudo recente, o uso e a aceitação dessas ferramentas aliadas à prática clínica vêm aumentando nos últimos anos (Torous et al., 2021). Dentre os benefícios, destaca-se a maior acessibilidade, permitindo que os serviços de saúde mental alcancem um público mais amplo, incluindo áreas remotas ou populações que enfrentam barreiras geográficas ou financeiras para acessar o tratamento tradicional. Além disso, as ferramentas têm a capacidade de oferecer suporte contínuo aos usuários, 24 horas por dia, sete dias por semana, por meio de aplicativos de *smartphone* ou plataformas *on-line*, nas quais as pessoas podem receber auxílio em tempo real, monitorar seu progresso e receber lembretes ou *feedbacks* que reforcem o engajamento no tratamento.

As ferramentas digitais criam um ambiente seguro e menos julgador para quem não se sente à vontade com ajuda presencial. O anonimato e a privacidade encorajam o suporte, evitando o estigma. Outro aspecto relevante é a possibilidade de personalização das intervenções, já que, por meio da análise de dados e da inteligência artificial, essas ferramentas podem oferecer tratamentos mais direcionados, levando em consideração as características individuais, o histórico e as preferências do paciente.

O uso da tecnologia vem sendo fundamental, também, no monitoramento dos sintomas depressivos em tempo real, visto que o diagnóstico e o acompanhamento do TDM, assim como de outras doenças psiquiátricas, baseia-se principalmente nas informações compartilhadas pelo paciente sobre sua história clínica. Estudos demonstram que os pacientes são influenciados pelo viés de memória, que é o processo de dar mais ênfase à maneira como se sentem nos dias próximos à consulta de acompanhamento. Tal fenômeno não reflete a evolução fidedigna dos sintomas e o real estado de humor durante o intervalo das consultas, podendo gerar intervenções inadequadas e não compatíveis com as necessidades do caso (Hobbs et al., 2021; Robinson et al., 2017).

Nesse cenário, ressalta-se a importância da avaliação momentânea ecológica (AME), nome dado ao processo de coleta de informações clínicas como humor, ansiedade, sono, nível de energia ou atividade física em tempo real e durante a rotina habitual do paciente, fora do ambiente "controlado" do consultório. A AME é dividida em duas formas: ativa, na qual os pacientes registram diariamente os dados usando aplicativos de *smartphone*, e passiva, que coleta informações por meio de biossensores, que podem ser integrados a *smartphones* e *smartwatches* (p. ex., sensor de frequência cardíaca e pressão arterial, actígrafo, microfone) ou algoritmos de inteligência artificial, que reconhecem padrões de uso por meio de mensagens de texto, ligações ou interações em redes sociais (Torous et al., 2015).

> **🔔 LEMBRAR**
>
> Coletar dados personalizados ajuda a formar um "perfil digital" do paciente, revelando como ele funciona e como seus sintomas mudam. Isso leva a um tratamento mais direcionado e eficaz ao longo do tempo (Onnela & Rauch, 2016; Passos et al., 2022).

A terapia cognitivo-comportamental (TCC) é umas das estratégias de psicoterapia que mais se beneficiou com o crescimento tecnológico. A entrega de técnicas de TCC por meio de ferramentas digitais possibilita, além de monitoramento dos sintomas em tempo real, recursos e exercícios interativos que auxiliam os pacientes na identificação de pensamentos negativos, no desenvolvimento de habilidades de enfrentamento e na realização de tarefas. Esses recursos podem estar disponíveis a qualquer momento e em qualquer lugar, proporcionando aos usuários acesso contínuo a ferramentas terapêuticas baseadas em evidências (Torous et al., 2021). No entanto, é importante reconhecer que as intervenções digitais não substituem o papel essencial dos profissionais da saúde mental. Pelo contrário, devem ser vistas como uma ferramenta complementar que pode potencializar os tratamentos tradicionais, proporcionando um cuidado mais abrangente e inclusivo.

Chatbots são programas de inteligência artificial projetados para interagir e conversar com os usuários de forma semelhante a um ser humano. Eles podem ser implementados em diferentes plataformas, como aplicativos de mensagens, *sites* e redes sociais (p. ex., as ferramentas de conversação Alexa, da Amazon, e Siri, da Apple). O uso de *chatbots* na área da saúde mental, incluindo o tratamento da depressão, tem se mostrado uma abordagem promissora e inovadora. Estudos recentes têm observado agentes de conversação como "terapeutas", no entanto há uma falta de medidas-padrão para avaliação da sua eficácia, da adesão dos pacientes e dos seus efeitos terapêuticos reais (Vaidyam et al., 2021).

Soluções digitais para a depressão

As soluções digitais para a depressão são promissoras. Diferentes tecnologias já estão disponíveis e desempenham um papel vital ao tratar sintomas, complementando os métodos convencionais (psicoterapias e uso de medicamentos).

Apesar dos avanços na AME e do elevado número de aplicativos e ferramentas que possibilitam essa prática, temos poucos estudos disponíveis na literatura. Uma pesquisa analisou informações de 32 estudos envolvendo pacientes com diagnóstico de TDM. A maioria dos estudos usou uma forma ativa de coletar os dados, na qual os pacientes usavam assistentes digitais pessoais, *smartphones* ou *sites* para registrar suas informações. Alguns aplicativos de *smartphone* utilizados foram Mindful Moods, iHope, PsyMate e Imagine your Mood. Alguns estudos também usaram soluções tecnológicas que coletavam dados de forma passiva, por meio de sensores e biossensores, como roupas com biossensores (LifeShirt System), um computador em formato de relógio com sensor de movimento (Ecolog) e um diário eletrônico de pulso com sensor de movimento integrado (CamNTech). A AME mostrou algumas vantagens em relação aos métodos de monitoramento tradicionais (papel e caneta), como melhor controle das avaliações, coleta de dados por sensores e biossensores, facilidade e praticidade para os usuários, *feedback* em tempo real e alertas para profissionais da saúde.

> **IMPORTANTE**
>
> A AME tem sido reforçada pelo uso global de *smartphones* e pelo interesse das pessoas em utilizá-los para cuidar de sua saúde (Ebner-Priemer & Trull, 2009).

Entre os aplicativos citados, apenas o PsyMate está disponível para *download* nas lojas de aplicativos do Brasil, e no idioma inglês. Porém, podemos encontrar outros aplicativos, disponíveis em português, que possibilitam a coleta de dados de maneira ativa. Entre eles, destaca-se o Thrive – Saúde Mental Digital (Thrive SMD), que monitora humor, ansiedade, irritabilidade, nível de energia, horas de sono e tempo de atividade física. Ele também contempla recursos como ativação comportamental, registro de pensamentos, avaliação da gravidade de sintomas, respiração diafragmática, diário de gratidão, entre outros. Outros aplicativos também disponíveis em português são o eMoods (horas de sono, humor, ansiedade e irritabilidade), o Daylio (humor e sono) e o Cogni (humor e registro de pensamentos e comportamentos). Para a coleta de dados passivos, existem aplicativos de *smartphones*, como o Apple Saúde e o Google Fit, que registram automaticamente dados como o número de passos, distância percorrida, duração e qualidade do sono. Além disso, os *smartwatches* também são uma opção para a coleta automática de informações.

Além da coleta de dados pela AME, as ferramentas digitais também se mostraram promissoras como intervenções psicoterapêuticas. Aplicativos de TCC envolvem o paciente no tratamento, aumentando o comprometimento e os resultados desejados. Muitos aplicativos de saúde mental estão disponíveis para *download*, mas é preciso cautela, pois a maioria não tem comprovação científica de eficácia e segurança. Uma revisão de 2020 avaliou 293 aplicativos, com apenas 10 provados para tratar depressão ou ansiedade (Marshall et al., 2020). Os referenciais teóricos baseados em evidências científicas encontrados nos aplicativos representaram as seguintes proporções: TCC, 30,0% (88/293); *mindfulness*, 15,7% (46/293); psicologia positiva, 9,2% (27/293); terapia comportamental dialética, 3,4% (10/293); terapia de aceitação e compromisso, 1,7% (5/293); e outros, 6,8% (20/293). Observação: alguns aplicativos alegaram usar múltiplos referenciais teóricos – cada vez que um referencial teórico era mencionado, ele era contabilizado. Um total de 131 aplicativos não têm um referencial teórico delimitado.

O uso de aplicativos têm demonstrado resultados positivos. A primeira revisão publicada no campo, em 2017, já demonstrou superioridade das intervenções por meio de *smartphones* no controle na redução de sintomas depressivos, apesar do menor número de aplicativos disponíveis à época (Firth et al., 2017). Recentemente, analisou-se o uso de aplicativos com as mais diversas abordagens em pacientes com diagnóstico de TDM, observando-se uma redução moderada na sintomatologia em comparação ao tratamento usual (Serrano-Ripoll et al., 2022). Dentre os aplicativos citados nessa revisão, os que apresentaram resultados positivos e significativos na redução dos sintomas depressivos foram os seguintes: MoodHacker (TCC e psicologia positiva); Moodivate (ativação comportamental, psicoeducação e monitoramento); Moodkit (TCC); HARUToday (TCC); Kokoro (TCC); Pacifica (TCC e *mindfulness*); SuperBetter (TCC e psicologia positiva); Ibbobly (terapia de aceitação e compromisso); plataforma Intellicare (TCC e psicologia positiva); Run4Love (TCC). Os aplicativos MoodHacker, Moodivate, SuperBetter e a plataforma Intellicare estão disponíveis nas lojas brasileiras de aplicativos, mas todos no idioma inglês.

O já mencionado Thrive oferece uma abordagem abrangente para combater a depressão, incorporando técnicas tanto da

> **LEMBRAR**
>
> A American Psychiatric Association (APA) criou o APA's App Advisor para ajudar pacientes e profissionais na escolha de aplicativos seguros e eficazes.

TCC quanto da ativação comportamental (AC). O destaque deste aplicativo reside em sua ampla gama de ferramentas, todas fundamentadas no modelo cognitivo-comportamental, abrangendo desde o monitoramento, a psicoeducação, o registro de pensamentos com foco na reestruturação cognitiva, a AC até ferramentas adicionais, como diário de gratidão, técnicas de respiração diafragmática e relaxamento muscular.

> **IMPORTANTE**
>
> Os usuários também têm acesso a diferentes escalas para medir a gravidade dos sintomas, podendo compartilhá-las com o profissional assistente.

Nas **Figuras 14.1 e 14.2**, são destacadas algumas telas do aplicativo Thrive.

Benefícios e limitações

O uso de aplicativos e ferramentas digitais no tratamento dos sintomas depressivos é uma abordagem inovadora, que pode trazer impactos relevantes no campo da saúde mental. Entre os benefícios, destacam-se a elevada acessibilidade aos cuidados, permitindo que um maior número de pessoas possa receber suporte terapêutico em qualquer momento e local; a disponibilidade contínua, garantindo acompanhamento e suporte constante ao paciente; e a privacidade e o anonimato, que podem reduzir o estigma associado ao tratamento da depressão. Além disso, as intervenções digitais podem ser personalizadas para atender às necessidades individuais dos pacientes e capacitá-los a assumir um papel ativo na sua recuperação.

> **LEMBRAR**
>
> É importante levar em consideração, nas intervenções digitais, fatores como a acessibilidade das próprias ferramentas e o engajamento dos usuários.

Alguns estudos mostraram que muitas pessoas param de utilizar o aplicativo nos primeiros dias de uso, mas outros estudos mostraram que aplicativos que oferecem orientação de um profissional, como mensagens regulares, ligações telefônicas e *feedback* personalizado, podem ser mais eficazes na redução dos sintomas depressivos (Baumel et al., 2019).

As intervenções digitais no tratamento da depressão apresentam algumas limitações que precisam ser consideradas. Embora ofereçam maior acessibilidade e flexibilidade, nem todos os pacientes têm acesso a dispositivos tecnológicos ou à internet, o que pode impedir que certos grupos recebam ajuda digital. Além disso, a falta de interação humana direta pode afetar a qualidade da relação terapêutica, uma vez que a conexão emocional e a empatia proporcionadas pelo contato pessoal são fundamentais para alguns indivíduos. A adesão às intervenções digitais também pode ser um desafio, uma vez que requer motivação e comprometimento dos pacientes para usá-las de forma consistente.

O uso de aplicativos e plataformas digitais também pode não ser adequado para casos

Figura 14.1
A) Ícone e nome do aplicativo dentro da loja de aplicativos; **B)** tela de inicialização do aplicativo; **C)** tela da aba de psicoeducação; **D)** tela da aba de monitoramento/avaliação do humor.
Fonte: Thrive (c2023).

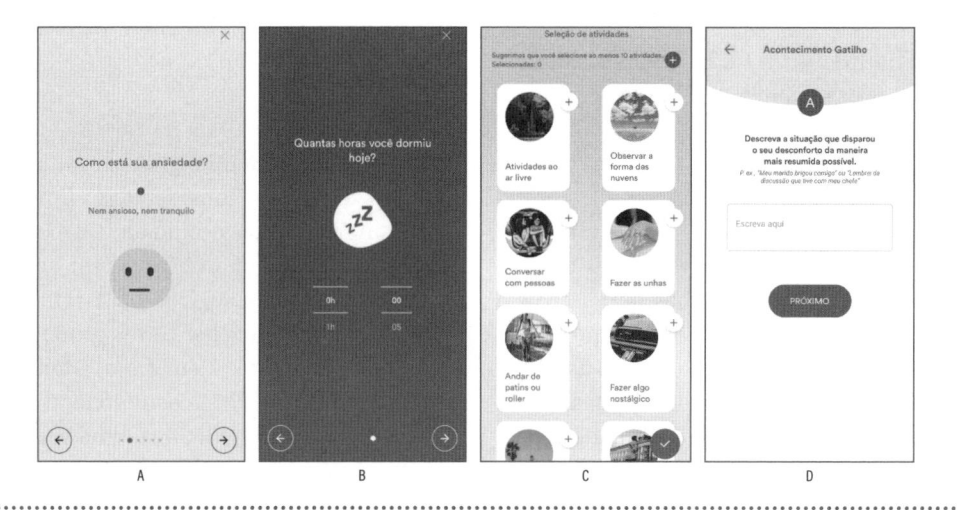

Figura 14.2
A) Tela da aba de monitoramento/avaliação de sintomas de ansiedade; **B)** tela da aba de monitoramento/avaliação das horas de sono; **C)** tela de ativação comportamental/seleção de atividades; **D)** tela de registro de pensamentos/descrição do evento ativador (gatilho).
Fonte: Thrive (c2023).

mais graves de depressão, que podem necessitar de intervenções terapêuticas mais intensivas e presenciais. Portanto, é importante que as intervenções digitais sejam desenvolvidas com cuidado, considerando-se essas limitações e garantindo-se que elas sejam complementares aos métodos tradicionais de tratamento para atender às diversas necessidades dos pacientes.

Referências

Baumel, A., Muench, F., Edan, S., & Kane, J. M. (2019). Objective user engagement with mental health apps: Systematic search and panel-based usage analysis. *Journal of Medical Internet Research*, *21*(9), e14567.

Ebner-Priemer, U. W., & Trull, T. J. (2009). Ecological momentary assessment of mood disorders and mood dysregulation. *Psychological Assessment*, *21*(4), 463-475.

Evans-Lacko, S., Aguilar-Gaxiola, S., Al-Hamzawi, A., Alonso, J., Benjet, C., Bruffaerts, R., ... Thornicroft, G. (2018). Socio-economic variations in the mental health treatment gap for people with anxiety, mood, and substance use disorders: Results from the WHO World Mental Health (WMH) surveys. *Psychological Medicine*, *48*(9), 1560-1571.

Firth, J., Torous, J., Nicholas, J., Carney, R., Pratap, A., Rosenbaum, S., & Sarris, J. (2017). The efficacy of smartphone-based mental health interventions for depressive symptoms: A meta-analysis of randomized controlled trials. *World Psychiatry: Official Journal of the World Psychiatric Association*, *16*(3), 287-298.

Hobbs, C., Lewis, G., Dowrick, C., Kounali, D., Peters, T. J., & Lewis, G. (2021). Comparison between self-administered depression questionnaires and patients' own views of changes in their mood: A prospective cohort study in primary care. *Psychological Medicine*, *51*(5), 853-860.

Marshall, J. M., Dunstan, D. A., & Bartik, W. (2020). Apps with maps – anxiety and depression mobile apps with evidence-based frameworks: Systematic search of major app stores. *JMIR Mental Health*, *7*(6), e16525.

Moitra, M., Santomauro, D., Collins, P. Y., Vos, T., Whiteford, H., Saxena, S., & Ferrari, A. J. (2022). The global gap in treatment coverage for major depressive disorder in 84 countries from 2000-2019: A systematic review and bayesian meta-regression analysis. *PLoS Medicine*, *19*(2), e1003901.

Onnela, J.-P., & Rauch, S. L. (2016). Harnessing smartphone-based digital phenotyping to enhance behavioral and mental health. *Neuropsychopharmacology*, *41*(7), 1691-1696.

Passos, I. C., Ballester, P., Rabelo-da-Ponte, F. D., & Kapczinski, F. (2022). Precision psychiatry: The future is now. *Canadian Journal of Psychiatry*, *67*(1), 21-25.

Robinson, J., Khan, N., Fusco, L., Malpass, A., Lewis, G., & Dowrick, C. (2017). Why are there discrepancies between depressed patients' Global Rating of Change and scores on the Patient Health Questionnaire depression module? A qualitative study of primary care in England. *BMJ Open*, *7*(4), e014519.

Rodriguez-Villa, E., Rauseo-Ricupero, N., Camacho, E., Wisniewski, H., Keshavan, M., & Torous, J. (2020). The digital clinic: Implementing technology and augmenting care for mental health. *General Hospital Psychiatry*, *66*, 59-66.

Serrano-Ripoll, M. J., Zamanillo-Campos, R., Fiol-DeRoque, M. A., Castro, A., & Ricci-Cabello, I. (2022). Impact of smartphone app-based psychological interventions for reducing depressive symptoms in people with depression: Systematic literature review and meta-analysis of randomized controlled trials. *JMIR mHealth and uHealth*, *10*(1), e29621.

Torous, J., Bucci, S., Bell, I. H., Kessing, L. V., Faurholt-Jepsen, M., Whelan, P., ... Firth, J. (2021). The growing field of digital psychiatry: Current evidence and the future of apps, social media, chatbots, and virtual reality. *World Psychiatry*, *20*(3), 318-335.

Torous, J., Staples, P., & Onnela, J.-P. (2015). Realizing the potential of mobile mental health: New methods for new data in psychiatry. *Current Psychiatry Reports*, *17*(8), 602.

Thrive: Combata a depressão (c2023). Instituto de Neurociencias e Terapias Cognitivas. https://apps.apple.com/br/app/thrive-sa%C3%BAde-mental-digital/id1562347322

Vaidyam, A. N., Linggonegoro, D., & Torous, J. (2021). Changes to the Psychiatric Chatbot Landscape: A Systematic Review of Conversational Agents in Serious Mental Illness: Changements du paysage psychiatrique des chatbots: une revue systématique des agents conversationnels dans la maladie mentale sérieuse. *Canadian Journal of Psychiatry. Revue Canadienne de Psychiatrie*, *66*(4), 339-348.

Capítulo 15
Intervenções farmacológicas para depressão

Fernando Daibert de Souza **Motta**
Giovanna Maiolli **Signori**
Ives Cavalcante **Passos**

O transtorno depressivo maior (TDM) (American Psychiatric Association [APA], 2014), conhecido simplesmente por depressão, é um transtorno do humor que afeta aproximadamente 280 milhões de pessoas em todo o mundo, independentemente de idade, gênero ou condição social. Conforme a Global Burden of Diseases (GBD), os transtornos depressivos ocupam o segundo lugar das 25 causas principais de anos vividos com incapacidade (GBD 2019 Mental Disorders Collaborators [GBD], 2022). No Brasil, a prevalência de depressão autorreferida foi estimada em 10,2%, segundo a Pesquisa Nacional de Saúde (Brito et al., 2022). Devido à pandemia, o estudo realizado pela COVID-19 Mental Disorders Collaborators observou um aumento global de 27,6% no número de casos de TDM (Santomauro et al., 2021). Pessoas com depressão podem apresentar sentimentos de tristeza persistente, humor deprimido, sensação de vazio e perda de interesse (Dobrek & Głowacka, 2023).

Para manejo desse transtorno, existem intervenções farmacológicas disponíveis e eficazes. Os medicamentos antidepressivos têm desempenhado um papel crucial no combate à depressão. Ressalta-se que a farmacoterapia é apenas uma parte do tratamento global para a condição. Outras abordagens, como psicoterapia, mudanças no estilo de vida e apoio social, também são fundamentais para a melhora da pessoa. Compreende-se a importância de uma abordagem integrada e multiprofissional para garantir o melhor resultado possível (Gabriel et al., 2020).

Ao longo deste capítulo, discutimos a importância dos medicamentos no tratamento da depressão, explorando seu mecanismo de ação, eficácia, efeitos colaterais e interações para um uso adequado. São abordadas as diferentes classes de medicamentos antidepressivos, como inibidores seletivos da recaptação de serotonina (ISRSs), inibidores da recaptação de serotonina e noradrenalina (IRSNs), antidepressivos tricíclicos (ATCs), entre outros. Também tratamos da relevância de uma abordagem personalizada no uso de medicamentos para a depressão, levando em consideração a faixa etária e a colaboração entre o paciente e o profissional da saúde. Ao finalizar o capítulo, o leitor estará mais informado e preparado para lidar com essa condição e melhorar sua qualidade de vida.

Eficácia e mecanismo de ação dos antidepressivos

Tomar ou não tomar antidepressivos?

Muitas pessoas já se depararam com essa pergunta, seja em relação a um parente, amigo ou até a si mesmas: ao sair da consulta com o psiquiatra com a receita de um antidepressivo, surge a dúvida de usar ou não a medicação. A pesquisa DEPRESS (Depression Research in European Society), primeiro estudo abrangente sobre depressão realizado em toda a Europa, revelou resultados semelhantes aos de pesquisas que estudam hipertensão arterial. Apenas metade dos pacientes deprimidos busca ajuda médica, sendo que metade dos que consultam com um médico tem o diagnóstico identificado na atenção primária. Ainda, metade dos diagnosticados recebe tratamento, e somente metade desses pacientes conclui o tratamento. Isso resulta em menos de 10% de deprimidos que completam um curso terapêutico completo (Tylee & Jones, 2005). São vários os fatores que afetam a remissão da depressão, e a adesão ao tratamento é um dos mais importantes.

Para aprofundar o tema da adesão ao tratamento farmacológico ambulatorial em pacientes deprimidos, De Las Cuevas e De Leon (2017) encontraram em seu estudo que a adesão estaria relacionada às crenças individuais sobre o controle que cada um teria de sua própria saúde. A sensação de ter restrita a liberdade de escolha, a atitude em relação ao uso de medicamentos prescritos e o equilíbrio entre a necessidade de tomar os medicamentos e as preocupações com os possíveis efeitos colaterais seriam elementos que afetariam a adesão ao tratamento proposto. O estudo enfatiza a importância de o médico levar em consideração essas diversas demandas para melhorar a adesão e a eficácia do tratamento, visando uma tomada de decisão compartilhada com o paciente.

Após uma ampla revisão e atualização das diretrizes da British Association for Psychopharmacology (BAP), foi concluído que o tratamento medicamentoso é a opção preferencial para o TDM moderado ou grave em adultos. Isso é válido independentemente de fatores ambientais e perfil de sintomas de depressão. Além disso, o tratamento medicamentoso também é recomendado para depressão de qualquer gravidade se os sintomas persistirem por dois anos ou mais. Os antidepressivos não são considerados o tratamento inicial recomendado para casos de depressão em que não são atendidos todos os critérios necessários para um diagnóstico preciso, especialmente se os sintomas começaram dentro dos últimos dois meses. Para essas pessoas, a primeira abordagem seria a psicoterapia, sendo a terapia cognitivo-comportamental (TCC), a ativação comportamental e a psicoterapia interpessoal as metodologias com melhor evidência para o tratamento agudo (Cleare et al., 2015).

Essas orientações de tratamento foram semelhantes às da grande revisão para o tratamento de adultos com TDM feita pela Canadian Network for Mood and Anxiety Treatments (CANMAT), importante estudo para as tomadas de decisão neste campo (Kennedy et al., 2016). Há, portanto, evidências robustas de que a abordagem medicamentosa adequada para as situações descritas deve ser empregada. Paralelamente, deve-se buscar também a participação do paciente no direcionamento da conduta, uma vez que isso, como já mencionado, afeta de maneira importante a adesão ao tratamento.

A abordagem da depressão na infância e em outras fases da vida será vista em uma seção específica adiante.

Como funcionam os antidepressivos?

Antes de falar sobre como os antidepressivos funcionam, é importante considerar que a depressão é uma condição complexa. Ela envolve diversos sistemas do organismo humano (neurológico, endocrinológico e imunológico), e há diversas teorias que tentam explicá-la, sendo que nenhuma, sozinha, é capaz de justificar integralmente sua fisiopatologia (Dobrek & Głowacka, 2023).

Descobrir o ponto inicial, a origem da depressão, talvez não seja possível, embora muito se estude a respeito. Isso pode se dever ao fato de que há muitos pontos de partida e esses encontram-se interligados.

Uma revisão de Fries et al. (2022) levantou diversos mecanismos moleculares envolvidos na gênese da depressão. Tais mecanismos e as teorias relacionadas são abordados a seguir e resumidos na **Figura 15.1**.

A primeira teoria é conhecida como teoria das monoaminas. A depressão estaria relacionada com a diminuição da produção ou disponibilidade das monoaminas no espaço de comunicação entre os neurônios, chamado fenda sináptica ou sinapse. As principais monoaminas são a serotonina, a noradrenalina e a dopamina, que são os principais neurotransmissores relacionados à depressão.

Essa teoria, e em particular a teoria da depleção da serotonina como fator causal da depressão, está sendo questionada ultimamente. Proposta na década de 1960, foi a primeira teoria que tentou explicar as bases biológicas do transtorno. Esse conceito fortaleceu-se ainda mais com o advento dos ISRSs na década de 1990. Um grande estudo, publicado em 2022, de revisão sistemática em guarda-chuva (*umbrella review*) – tipo de artigo de revisão que sintetiza outras revisões –, compilou estudos que buscavam associar sob vários aspectos a serotonina com a depressão, mas não encontrou evidências que justificassem essa associação (Moncrieff et al., 2022). Entretanto, Möller e Falkai (2023) contestam as conclusões dessa revisão feita por Moncrieff et al. (2022). Embora os estudos incluídos na revisão tenham produzido poucas evidências em apoio à hipótese da serotonina, isso não refuta completamente uma explicação neurobiológica para a depressão. Aqueles autores levantam críticas sobre a metodologia e sobre a seleção de estudos para a revisão, além de questionarem as conclusões aventadas sobre o tratamento com antidepressivos (Möller & Falkai, 2023).

O estudo de Fries et al. (2022) descreveu trabalhos que correlacionavam genes associados ao TDM por meio de análise ge-

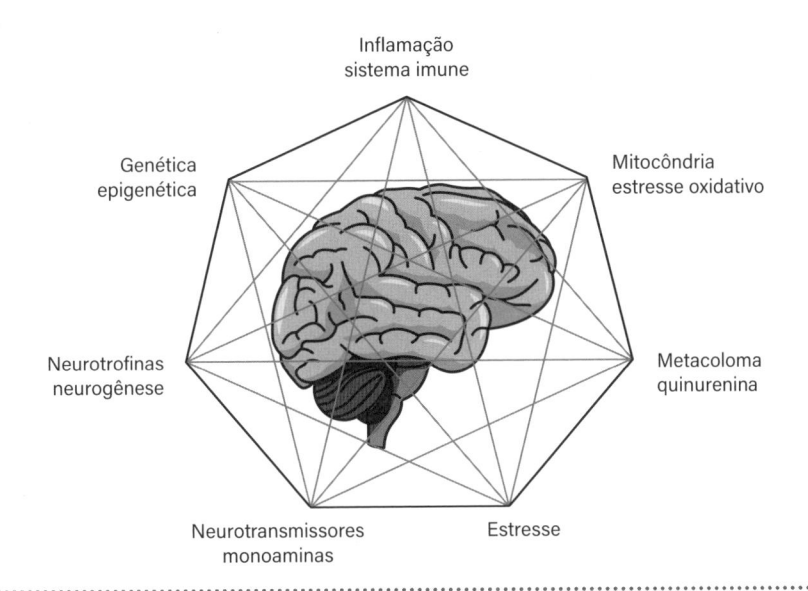

Figura 15.1
Vias moleculares da depressão.
Fonte: Adaptada de Fries et al. (2022).

nômica. Esses genes estão envolvidos na função sináptica e incluem *NEGR1*, *DRD2* e *CELF4*, que desempenham papéis na regulação das sinapses e na plasticidade sináptica. Essas variantes genéticas, combinadas com fatores ambientais, aumentam a vulnerabilidade a eventos estressantes futuros e à depressão.

Além disso, a regulação do funcionamento celular não relacionada ao material genético, ou seja, a regulação epigenética, como a metilação do DNA e as modificações de histonas, também desempenha um papel importante na expressão desses genes. Essas descobertas fornecem uma compreensão biológica do TDM, destacando a interação complexa entre fatores genéticos e ambientais em sua origem.

Outro mecanismo molecular originou a hipótese neurotrófica. Esta sugere que a interrupção do suporte neurotrófico, especialmente do fator neurotrófico derivado do cérebro (BDNF), realiza uma função-chave nas alterações sinápticas do TDM. O BDNF desempenha um papel crucial, ativando receptores específicos. Estudos mostram níveis alterados de neurotrofinas em pacientes com depressão, especialmente baixos níveis de BDNF durante episódios agudos, bem como em pacientes persistentemente deprimidos, e em modelos animais de depressão. É relevante notar que os níveis de BDNF aumentam após tratamento com antidepressivos, sendo associados a melhor desempenho cognitivo.

Comenta-se também a relação do TDM com a disfunção do processo inflamatório, conhecida como teoria das citocinas do TDM. As células imunes desempenham um papel na regulação da inflamação para manter a homeostase e promover a reparação tecidual. No entanto, uma resposta imune prolongada, como em infecções e doenças malignas ou autoimunes, pode levar ao desenvolvimento de depressão. O TDM está associado a um aumento na resposta inflamatória, envolvendo citocinas pró-inflamatórias como interleucina (IL)-6, fator de necrose tumoral alfa (TNF-α), IL-1β, IL-2, IL-4, IL-10, fator de crescimento transformador beta (TGF-β) e proteína C-reativa (PCR).

Evidências que associam sintomas depressivos e TDM a distúrbios mitocondriais respaldam a teoria mitocondrial da depressão. Esses distúrbios são ocasionados por alterações na estrutura e função mitocondrial, incluindo diminuição na produção de adenosina trifosfato (ATP), principal molécula carreadora da energia química e disfunção na dinâmica mitocondrial. As mitocôndrias têm um papel essencial no fornecimento de energia para as células e são importantes em vias de sinalização relacionadas a monoaminas, inflamação e plasticidade neural. A disfunção mitocondrial também resulta na geração de radicais livres e estresse oxidativo, que estão aumentados no TDM, enquanto a capacidade antioxidante está reduzida. Essas alterações e o estresse oxidativo estão relacionados a mudanças na estrutura cerebral observadas no TDM.

A combinação de nutrientes e microrganismos presentes na flora intestinal, além do próprio metabolismo do intestino, produz uma variedade de substâncias químicas, conhecidas como metabolomas, que podem afetar os processos fisiológicos. Essas substâncias têm a capacidade de impactar a função cerebral, atravessando a barreira hematoencefálica, ativando vias relevantes ou afetando o sistema periférico, que por sua vez influencia o cérebro. A relação entre o intestino e o cérebro, chamada de "eixo intestino-cérebro", é apoiada por alterações no microbioma intestinal em pacientes com TDM. A suplementação de nutrientes, como probióticos, ou a adoção da dieta mediterrânea demonstraram efeitos antidepressivos em pacientes. Os efeitos nutricionais/microbianos no cérebro estão relacionados a vias moleculares estabelecidas que controlam a função sináptica. Um exemplo notável é a via da quinurenina, um metabólito do triptofano que tem sido associado à depressão há várias décadas.

Por fim, a exposição ao estresse, especialmente na infância, é um fator de risco estabelecido para o TDM, com alterações no eixo hipotálamo-hipófise-adrenal e hiperatividade do cortisol.

A fisiopatologia da depressão é, portanto, multifatorial, e, por isso, o tratamento desse transtorno que ainda representa um desafio para a medicina deve contemplar uma abordagem tanto medicamentosa ampla como não medicamentosa.

Os antidepressivos, em sua maioria, estão classificados pela sua ação na modulação de três monoaminas: serotonina, noradrenalina e dopamina. Mais recentemente, surgiram antidepressivos que atuam também em outra monoamina, chamada melatonina, importante para a regulação do ciclo circadiano. A seguir um breve resumo sobre a ação de cada um desses neurotransmissores:

- **Serotonina**: Regula o humor, a atenção e a memória. Influencia o comportamento social, a agressividade e a motivação.
- **Noradrenalina (norepinefrina)**: Aumenta a atenção, o estado de alerta e a

capacidade de aprendizado. Regula a motivação e o comportamento impulsivo.
- **Dopamina**: Está envolvida na motivação, no aprendizado e na formação de memórias. Regula a busca de recompensas, o prazer e a coordenação motora.
- **Melatonina**: Conhecida também como um hormônio por atuar em vários outros tipos de célula. Regula o ritmo circadiano, afetando os ciclos de sono e vigília. Atua como um antioxidante potente. Parece ter um efeito anti-inflamatório relevante, e estudos indicam que pode auxiliar na resposta imunológica. Inibe a ação da leptina, auxiliando assim na regulação do peso corporal.

Na **Tabela 15.1** estão listadas as principais classes de antidepressivos, seu mecanismo de ação e alguns exemplos disponíveis no Brasil.

Tabela 15.1
Classificação dos antidepressivos

Classe de antidepressivo	Mecanismo de ação	Exemplos
Inibidores seletivos da recaptação de serotonina (ISRSs)	Inibem seletivamente a recaptação de serotonina, aumentando a disponibilidade deste neurotransmissor na sinapse.	• Fluoxetina • Paroxetina • Sertralina • Citalopram • Escitalopram
Inibidores da recaptação de serotonina e noradrenalina (IRSNs)	Inibem a recaptação de serotonina e noradrenalina, aumentando a disponibilidade destes neurotransmissores na sinapse.	• Venlafaxina • Duloxetina • Desvenlafaxina
Inibidores da monoaminoxidase (IMAOs)	Inibem a enzima monoamina oxidase, que é responsável por degradar a serotonina, a noradrenalina e a dopamina. Com a inibição da enzima, os níveis desses neurotransmissores aumentam na sinapse.	• Tranilcipromina
Agonistas de receptores de serotonina	Agem como agonistas nos receptores de serotonina, aumentando a atividade serotoninérgica.	• Buspirona • Trazodona • Vilazodona
Antidepressivos tricíclicos (ATCs)	Inibem a recaptação de serotonina e noradrenalina nas sinapses, além de afetar outros sistemas de neurotransmissores.	• Amitriptilina • Nortriptilina • Imipramina
Antidepressivos tetracíclicos	Dependendo do fármaco, aumenta a serotonina e/ou a noradrenalina na sinapse.	• Mirtazapina

Tabela 15.1
Classificação dos antidepressivos

Classe de antidepressivo	Mecanismo de ação	Exemplos
Agonistas melatoninérgicos e antagonistas seletivos serotoninérgicos	Atuam como um agonista nos receptores de melatonina. Além disso, por um mecanismo muito particular, aumentam a disponibilidade de dopamina e noradrenalina no cérebro.	• Agomelatina
Inibidores da recaptação de noradrenalina e dopamina (IRNDs)	Inibem seletivamente a recaptação de noradrenalina e dopamina na sinapse, aumentando a disponibilidade destes neurotransmissores.	• Bupropiona
Antidepressivo multimodal	Atua inibindo seletivamente a recaptação de serotonina na sinapse, além de agir em diversos receptores da serotonina, modulando sua ação em vários circuitos do cérebro.	• Vortioxetina

Medicamentos potencializadores (antipsicóticos atípicos, lítio, psicoestimulantes)

Ao longo do tratamento da depressão, caso não haja melhora clínica com dois antidepressivos de primeira linha utilizados na dose e pelo tempo adequados, pode-se usar medicamentos como potencializadores ou adjuvantes ao tratamento. Os principais fármacos empregados para potencializar o efeito dos antidepressivos atualmente são os antipsicóticos atípicos e o lítio (Nuñez et al., 2022).

Os antipsicóticos atípicos, devido à sua capacidade de modular a atividade dos neurotransmissores serotonina e dopamina, são importantes aliados dos antidepressivos. Aripiprazol, quetiapina, olanzapina, lurasidona e brexpiprazol são alguns exemplos de antipsicóticos atípicos utilizados como terapia adjuvante na depressão.

Em uma revisão sistemática da literatura sobre o uso de antipsicóticos atípicos como potencializadores no tratamento da depressão resistente, Cantù et al. (2021) encontraram que o aripiprazol é o antipsicótico com mais evidências de benefício nesse contexto, seguido pela quetiapina. A risperidona e a olanzapina apresentariam uma tolerabilidade mais baixa em comparação com os outros antipsicóticos, segundo a mesma revisão.

Uma metanálise em rede, de 2022, que comparou 19 agentes potencializadores para a depressão resistente ao tratamento medicamentoso reiterou como fármacos de primeira linha especificamente o aripiprazol e a quetiapina. O estudo forneceu ainda evidências de que o brexipiprazol e a cariprazina também são agentes eficazes nessa condição, e ambos foram aprovados pela Food and Drug Administration (FDA) para atuarem como potencializadores no tratamento da depressão (Nuñez et al., 2022). A cariprazina ainda não está disponível no Brasil.

O lítio é uma substância utilizada na prática clínica desde 1949 como estabilizador do humor nos quadros de mania (Cade, 1949). Seu uso estende-se também como adjuvante no tratamento da depressão. Seu mecanismo de ação é complexo e ainda não foi totalmente compreendido. Segundo recente revisão, de 2023, foi sugerido que o lítio apresenta vários mecanismos que afetam a sinalização dopaminérgica e o humor, e que muitos fatores moleculares podem estar envolvidos, incluindo o BDNF (Mohamadian et al., 2023).

Os psicoestimulantes, como o metilfenidato, a lisdexanfetamina e o modafinil, também têm sido estudados como adjuvantes ao tratamento da depressão em casos de resposta inadequada aos antidepressivos convencionais. Eles podem melhorar os sintomas da depressão, e seus efeitos incluem a redução da fadiga, a melhora do humor e o aumento da energia. As melhores evidências científicas, no entanto, sugerem seu uso após tentativa com os antipsicóticos atípicos e o lítio (Goss et al., 2013; Kennedy et al., 2016).

Novas abordagens medicamentosas

Com relação às intervenções farmacológicas, ainda há um conjunto de alternativas que tem começado a fazer parte do arsenal terapêutico da depressão, como os medicamentos psicodélicos e a cetamina.

A cetamina, um medicamento utilizado em procedimentos anestésicos, tem demonstrado efeitos antidepressivos rápidos e sustentados em estudos com placebo (Berman et al., 2000; Zarate et al., 2006). No entanto, seu uso clínico é limitado por sua administração parenteral e pelos possíveis efeitos colaterais indesejáveis, como psicose e aumento da pressão arterial.

O mecanismo de ação da cetamina envolve o bloqueio dos neurônios inibitórios gabaérgicos por meio do receptor N-metil-D-aspartato (NMDA), resultando em um aumento rápido dos níveis do BDNF, que desempenha um papel importante na formação e sobrevivência de neurônios, bem como na plasticidade sináptica (Autry et al., 2011; Harmer et al., 2017; Zanos & Gould, 2018).

Uma revisão de metanálise de três ensaios clínicos randomizados, oito ensaios abertos e 30 séries de casos e relatos sobre o tratamento de manutenção na depressão com cetamina identificou eficácia na manutenção do efeito antidepressivo. Porém, são necessários estudos controlados com acompanhamento de longo prazo para a incorporação do tratamento de manutenção com cetamina na prática clínica de rotina (Smith-Apeldoorn et al., 2022). A escetamina também tem sido bastante estudada. Tem o mesmo princípio da cetamina, sendo composta apenas por um dos seus isômeros ópticos, apresenta potência maior e está disponível no Brasil para uso por via intranasal.

Outro grupo de fármacos promissor no tratamento do transtorno depressivo é o dos psicodélicos, sendo a psilocibina a substância que tem mostrado melhores evidências nos estudos atuais.

A psilocibina e os psicodélicos têm semelhanças com os antidepressivos convencionais, como a modulação serotoninérgica, mas também apresentam diferenças significativas. Enquanto os ISRSs reduzem a responsividade emocional e moderam as emoções, os psicodélicos aumentam a sensibilidade ao ambiente e enfatizam a liberação emocional devido à sua ação no receptor 5-HT2A. Além disso, os ISRSs agem por meio do receptor 5-HT1A, reduzindo a responsividade límbica e promovendo um amortecimento emocional. Essas diferenças nas abordagens emocionais podem ser fundamentais ao comparar os modelos de tratamento com ISRSs e psicodélicos (Carhart-Harris & Goodwin, 2017).

Uma revisão sistemática, incluindo uma metanálise, analisou estudos sobre o uso de terapias com psicodélicos para reduzir os sintomas depressivos. Foram analisados 14 estudos, que demonstraram resultados significativos de redução dos sintomas depressivos em curto e longo prazo após a administração de substâncias psicodélicas como psilocibina, ayahuasca ou LSD juntamente com suporte psicológico. A metanálise de sete ensaios controlados randomizados também confirmou a redução dos sintomas em diferentes momentos de avaliação, indicando um efeito terapêutico consistente. No entanto, apesar desses resultados promissores, ainda são necessárias mais pesquisas de longo prazo em ensaios clínicos controlados para estabelecer a eficácia clínica definitiva da terapia com psicodélicos no tratamento dos sintomas depressivos (Ko et al., 2023).

Qual tratamento é o melhor?

Como mencionado anteriormente, tanto os mecanismos fisiopatológicos da depressão quanto os mecanismos de ação dos antidepressivos são muito diversos. Por causa dessa complexidade, o tratamento da depressão é altamente individualizado e envolve mudanças no ambiente e no comportamento, além de exigir um entendimento adequado dos sintomas do paciente para a seleção de um medicamento que aborde as principais queixas da pessoa. O tratamento deve ser orientado por dois princípios fundamentais: eficácia e tolerabilidade.

Um estudo de metanálise em rede – técnica estatística usada para comparar estudos com diferentes tratamentos – revelou que, ao analisar vários antidepressivos para o tratamento da depressão em adultos, a característica que mais se destacou entre os diferentes medicamentos foi a tolerabilidade. Ou seja, antidepressivos mais antigos tiveram um desempenho muito semelhante ao dos mais modernos, porém, devido aos efeitos colaterais, eles perderam em termos de efetividade (Cipriani et al., 2018). Ainda segundo esse estudo, em função da tolerabilidade, antidepressivos como escitalopram, mirtazapina, paroxetina, agomelatina e sertralina apresentaram uma resposta relativamente maior e uma taxa de abandono menor quando comparados com outras substâncias.

Principais efeitos colaterais

Quais são os principais efeitos colaterais dos antidepressivos?

No início do tratamento com antidepressivos, é esperado que haja algum efeito adverso, que geralmente tende a ser leve e melhorar nas primeiras semanas de uso. Nesta seção, serão comentados em detalhes os principais efeitos colaterais entre as classes de medicamentos. Na **Tabela 15.2**, os efeitos adversos são apresentados de acordo com a sua prevalência.

Inibidores seletivos da recaptação de serotonina

Os ISRSs podem apresentar efeitos colaterais como náuseas, diarreia, insônia, sonolência, redução da libido e dificuldades sexuais. Para amenizar esses efeitos, é recomendado iniciar a medicação com doses baixas e aumentar gradualmente (Edinoff et al., 2021). É necessário avaliar a situação de cada paciente e realizar ajustes de dosagem, troca para outro ISRS ou considerar combinação com outros medicamentos (Wang et al., 2022). Os ISRSs podem causar diminuição da libido e disfunção sexual (Jing & Straw-Wilson, 2016).

Inibidores da recaptação de serotonina e noradrenalina

Os IRSNs, como a venlafaxina, podem causar efeitos colaterais semelhantes aos ISRSs, como náuseas, ganho de peso, insônia, sonolência, disfunção sexual e aumento da pressão arterial (Ramic et al., 2020). Observa-se melhor tolerabilidade do paciente a doses mais baixas da medicação (Furukawa et al., 2019).

Inibidores da monoaminoxidase

Os IMAOs estão associados a efeitos colaterais como hipotensão ortostática (queda da pressão arterial ao se levantar), tontura, dor de cabeça, boca seca, ganho de peso, insônia, reações alimentares e interações com certos medicamentos (Chamberlain & Baldwin, 2021; Ostadkarampour & Putnins, 2021). Para evitar complicações, é essencial o acompanhamento do paciente, orientando-o a seguir uma dieta restritiva em tiramina e a evitar o uso de outros medicamentos sem orientação médica (Edinoff et al., 2022). Orientações dietéticas e informações sobre interações serão abordadas em seção específica neste capítulo.

Antidepressivos tricíclicos

Os ATCs podem causar efeitos colaterais como boca seca, constipação, visão turva, retenção urinária, sonolência, ganho de peso e disfunção sexual (Diaz et al., 2020). Os efeitos foram geralmente mais pronunciados em doses mais altas, dificultando a utilização da medicação para alguns pacientes. A fim de reduzir esses efeitos, o médico pode ajustar a dose do medicamento e recomendar a administração em doses divididas ao longo do dia (Vos et al., 2021).

Agonistas de receptores de serotonina

Os agonistas de receptores de serotonina podem causar efeitos colaterais como náuseas, tonturas, dor de cabeça, constipação, agitação e ansiedade. Esses efeitos tendem a ser mais comuns no início do tratamento e podem ser usados em pacientes com transtornos de ansiedade (Bandelow et al., 2017; Dupuy et al., 2011).

Tetracíclicos

Os antidepressivos tetracíclicos podem estar associados a efeitos colaterais como sedação, ganho de peso, tonturas, boca seca e constipação (Shuman et al., 2019). A administração do medicamento à noite pode ajudar a minimizar a sedação (van Poelgeest et al., 2021).

Tabela 15.2 Prevalência dos principais efeitos colaterais entre os antidepressivos (%)

	Venlafaxina IR	Fluvoxamina	Venlafaxina XR	Paroxetina	Sertralina	Mirtazapina	Fluoxetina	Bupropiona XL
Náusea	37	37	31	26	26		21	13
Boca seca	22	26	12	18	16	25	10	26
Cefaleia	25	22	26	18	20			34
Sonolência	23	26	17	23	13	54	13	
Insônia	18	14	17	13	16		16	16
Tontura	19	15	20	13	12	7	6	
Constipação	15	18	8	14	8	13		9
Disfunção sexual masculina	18	1	16	16	16		2	
Diarreia	8	6	8	11	18			
Sudorese	12	11	14	11	8		8	
Tremor	5	11	5	8	11	7	10	3
Nervosismo	13	2	10	5	3		14	
Ansiedade	6	2	2	5	3		12	5
Astenia	12	5	8	15			8	9
Anorexia	11	15	8		3		11	
Fadiga					11			
Agitação	2	16	3	2	6			2
Aumento do apetite				1		1	17	
Ganho de peso							12	

Tabela 15.2
Prevalência dos principais efeitos colaterais entre os antidepressivos (%)

Fármaco																	
Duloxetina	20	15	7	11	8	11	10	8	6	3		3			8		
Vilazodona 40mg	24	7	14	6	8		5	29	2		5	5		3	3	3	2
Bupropiona SR 100-150mg	11	13	28	3	8	7		4		3		3	2				
Desvenlafaxina 50mg	22	11		4	13	7				2	<1	3		4	7		
Citalopram	21	19		9		9	6		10	8	3	3	2		5	5	
Levomilnaciprano	17	10	17	6	8	9	9	8	11	2	2	2			5	2	
Escitalopram	15	7	3	8	6	4	11	2	3	5	2	2	1	4	5	5	2
Moclobemida	5	9	8	7	5	4			2	3	4	3			3	3	
Milnaciprano	12	9	10	7		7	10	5	4			4			3		
Vortioxetina 10mg	23	6		3	5	4	<1		2						3		

Legenda: Células claras representam de 0 a 9%; células sombreadas, de 10 a 29%; e células escuras, 30% ou mais.

Fonte: Adaptada de Kennedy et al. (2016).

Inibidores da recaptação de noradrenalina e dopamina

Os IRNDs estão associados a efeitos colaterais como boca seca, insônia, dor de cabeça e náusea. Outros efeitos colaterais mais raros incluem ansiedade, tontura, fadiga e inquietação (Patel et al., 2016).

Agonistas melatoninérgicos e antagonistas seletivos serotoninérgicos

Esses antidepressivos estão relacionados a efeitos colaterais como dor de cabeça, nasofaringite, náusea e hepatotoxicidade. Recomenda-se fazer exames de controle de função do fígado (Millam, 2022).

Lítio

O lítio, estabilizador do humor amplamente utilizado no tratamento do transtorno bipolar, pode apresentar efeitos colaterais como aumento da sede, náusea, diarreia, micção frequente, ganho de peso, tremores finos nas mãos e alterações na tireoide. Eles geralmente são transitórios e tendem a ser mais frequentes no início do tratamento (Ferensztajn-Rochowiak & Rybakowski, 2023; Ferensztajn-Rochowiak et al., 2021). A maioria desses efeitos colaterais está relacionada à dose e pode ser gerenciada ajustando-se a quantidade de lítio administrada (Malhi & Mann, 2018). O lítio também pode causar complicações renais, que incluem insuficiência renal aguda ou crônica, e complicações endócrinas, como bócio, hipotireoidismo e, às vezes, hipertireoidismo (Shine et al., 2015). Ademais, devido ao seu índice terapêutico estreito, a intoxicação por lítio é um achado clínico comum. Por isso, é necessário acompanhamento médico e laboratorial (Haussmann et al., 2015). É importante realizar exames regulares para monitorar os níveis de lítio no sangue, bem como as funções renal e endócrina, além de relatar quaisquer sintomas incomuns ao médico (Gitlin, 2016).

Populações especiais

Quais são os desafios do tratamento em idosos, gestantes, crianças e adolescentes?

É importante reconhecer que grupos especiais têm características e necessidades específicas que devem ser consideradas no manejo da depressão. Ressalta-se que o tratamento da depressão em populações especiais deve ser conduzido por profissionais da saúde qualificados e experientes, que possam avaliar as características individuais de cada paciente e adaptar as estratégias terapêuticas de acordo com suas necessidades específicas. É recomendado buscar a orientação adequada para garantir o tratamento mais seguro e eficaz (Gabriel et al., 2020; MacQueen et al., 2016).

No caso das gestantes, a escolha do tratamento medicamentoso deve ser cuidadosa e individualizada, considerando sempre os riscos potenciais para o feto. É importante mencionar que a depressão não tratada durante a gravidez pode ter impacto negativo, sendo fundamental buscar a ajuda adequada (Alwan et al., 2016). Alguns antidepressivos, como os ISRSs, são considerados relativamente seguros durante a gravidez (Womersley et al., 2017). As medicações de primeira linha para as gestantes são a sertralina e o citalopram, pois não foram achadas associações de risco para o feto com sua utilização. A fluoxetina e a paroxetina não são aconselhadas durante a gestação pelo risco aumentado de malformações graves, como anencefalia, defeitos septais, onfalocele e gastrosquise (Bałkowiec-Iskra et al., 2017). A administração de lítio em doses altas em gestantes pode estar associada a maiores riscos de malformações cardíacas fetais e de abortos no primeiro trimestre. Entretanto, o lítio em baixas doses durante a gestação apresentou baixos riscos fetais (Fornaro et al., 2020).

No pós-parto, a suspensão do aleitamento materno não é recomendada. Deve-se buscar alternativas para associar a manutenção da amamentação com a terapia medicamentosa (Spencer et al., 2020). Todas as medicações para depressão são detectadas no leite materno (Berle & Spigset, 2011). Contudo, alguns ISRSs – sertralina e paroxetina – são considerados medicamentos de escolha para esse grupo devido aos baixos níveis de transmissão ao recém-nascido através do leite. Já a fluoxetina e o citalopram devem ser evitados ou usados com cautela em função do risco de efeitos colaterais no lactente, como sonolência e perda de peso acentuada no primeiro ano de vida (Sprague et al., 2020).

Em relação às crianças e aos adolescentes, a terapia não medicamentosa é a mais recomendada, sendo a TCC a de maior evidência. Entretanto, deve-se considerar associar o tratamento farmacológico, em certos casos, ao avaliar os benefícios para os jovens. As únicas medicações recomendadas pela FDA e testadas nessa população são a fluoxetina e o escitalopram. Deve-se atentar e realizar monitoramento ativo nos jovens, principalmente com relação à tendência suicida (Selph & McDonagh, 2019; Zhou et al., 2020).

No caso dos idosos, é importante considerar que a depressão nessa faixa etária pode apresentar sintomas diferentes em comparação com adultos mais jovens. Além dos sintomas típicos, como tristeza, perda de interesse e alterações de sono e apetite, os idosos podem apresentar queixas de dores e problemas de memória (Avasthi & Grover, 2018). Em relação aos tratamentos propostos, além das abordagens não farmacológicas, como a terapia psicológica, existem opções medicamentosas que podem ser consideradas nessas populações (Cohen & DeRubeis, 2018). Os ISRSs são frequentemente utilizados na terceira idade devido a eficácia, melhor tolerabilidade do paciente e perfil de segurança. Nesse grupo, é importante observar interações medicamentosas e doenças crônicas associadas (Kok & Reynolds, 2017).

Exames de monitoramento

Algumas classes de antidepressivos podem requerer monitoramento por meio de exames laboratoriais. No entanto, é importante ressaltar que as recomendações podem variar dependendo da região, das diretrizes específicas e das características individuais do paciente.

Interações medicamentosas

Existem várias razões pelas quais um antidepressivo pode não funcionar adequadamente ou apresentar efeitos tóxicos em uma pessoa. Esses motivos incluem interações com outros medicamentos, idade do paciente e redução da função renal ou da função hepática. Fatores relacionados ao estilo de vida, como tabagismo ou consumo de álcool, também podem interferir em seu efeito no organismo (Meyer, 2000).

As interações medicamentosas podem ocorrer de várias maneiras. Uma delas é o aumento ou diminuição do metabolismo de um medicamento induzido por outro, o que pode levar a uma diminuição ou aumento na concentração sanguínea do medicamento em questão. Existem *sites* confiáveis nos quais é possível verificar interações específicas entre medicamentos, como www.drugs.com ou go.drugbank.com. A seguir, são discutidas as principais interações medicamentosas com os antidepressivos.

Principais interações

Inibidores seletivos da recaptação de serotonina

O tramadol aumenta o risco de convulsões em pacientes que usam antidepressivos ISRSs. Seu uso concomitante deve ser evitado.

As pessoas que fazem uso de anticoagulantes orais podem apresentar mais episódios de sangramento, pois os ISRSs podem alterar a função das plaquetas e induzir sangramento. Além disso, os ISRSs são capazes de deslocar substâncias altamente ligadas a proteínas (p. ex., varfarina, anti-inflamatórios não esteroidais), o que pode aumentar sua biodisponibilidade e consequentemente aumentar o risco de sangramento.

Pacientes em uso de ISRSs não devem ingerir IMAOs, sob o risco de desenvolverem uma síndrome serotoninérgica. Para a introdução desses medicamentos, deve-se aguardar pelo menos 14 dias após a interrupção do uso de ISRSs.

Devido ao risco de arritmias graves, pessoas que estejam utilizando os antipsicóticos tioridazina ou pimozida não devem tomar ISRSs. Além disso, a fluoxetina ou a paroxetina podem reduzir o efeito terapêutico do tamoxifeno, medicamento utilizado no tratamento de câncer de mama.

Inibidores da recaptação de serotonina e noradrenalina

Assim como com o uso dos ISRSs, pessoas que utilizam IRSNs podem ter o risco aumentado de sangramento se usarem anticoagulantes orais ou anti-inflamatórios não esteroidais. Elas também não devem ingerir medicamentos da classe dos IMAOs durante o período de uso dos IRSNs.

Pessoas que são hipertensas ou que usam medicamentos que possam aumentar a pressão arterial devem ter a pressão bem controlada antes de iniciar esta classe de antidepressivos, pelo risco de aumento da pressão arterial.

Inibidores da monoaminoxidase

Conforme já citado, a combinação do tramadol (analgésico potente) com substâncias que aumentam a serotonina nas sinapses (ISRSs, IRSNs, IMAOs) pode causar, raramente, uma síndrome serotoninérgica fatal. A combinação de IMAOs com substâncias simpaticomiméticas (compostos que imitam ou aumentam a atividade do sistema nervoso simpático, tais como fenilefrina, salbutamol e pseudoefedrina) pode levar a uma crise hipertensiva com complicações graves, incluindo hemorragia intracraniana e morte. A combinação de IMAOs com anestesia espinal pode resultar em efeitos hipotensores graves. O uso concomitante de IMAOs e depressores do sistema nervoso central pode resultar em sedação e hipotensão significativas.

O uso de medicamentos IMAOs requer uma dieta com baixo teor de tiramina devido ao risco de crise hipertensiva. A tiramina é um aminoácido que participa na síntese das monoaminas. Recomenda-se fornecer aos pacientes uma lista de alimentos a serem evitados e orientá-los a relatar quaisquer sintomas de elevação da pressão arterial.

No Brasil, alguns alimentos ricos em tiramina incluem:

- **Queijos envelhecidos**: parmesão, gorgonzola, *cheddar* e queijo suíço contêm altos níveis de tiramina, devido ao processo de envelhecimento.
- **Embutidos e defumados**: salame, linguiça, presunto defumado e salsicha podem conter tiramina, especialmente quando passam por processos de cura ou defumação.
- **Vinho tinto**: conhecido por conter tiramina, além de outros compostos desencadeadores de enxaqueca, como flavonoides e sulfitos.
- **Alimentos fermentados**: molho de soja, missô, *kimchi* e *sauerkraut*, podem conter níveis moderados de tiramina.

Tanto o paciente quanto o médico devem estar atentos a possíveis interações com outras substâncias, incluindo anti-hipertensivos e medicamentos de venda livre para tosse e resfriado. Medicamentos de venda livre a serem evitados incluem aqueles com dextrometorfano, um antitussígeno que pode aumentar o risco de crise serotoninérgica, os simpaticomiméticos que estão presentes em descongestionantes nasais (comprimidos, gotas ou *spray*), os medicamentos para alergia, sinusite, asma, supressão de apetite, perda de peso e os estimulantes.

Pessoas com diabetes em uso de insulina ou antidiabéticos orais podem ter o risco aumentado de hipoglicemia com o uso concomitante de IMAOs.

Antidepressivos tricíclicos

O uso concomitante de tramadol pode aumentar o risco de convulsões. Medicamentos que bloqueiam a enzima hepática responsável pela metabolização de ATCs, tais como duloxetina, fluoxetina, paroxetina e bupropiona, devem ser administrados com cautela, pois podem fazer com que o nível plasmático e o risco de arritmias aumentem. Pelo seu efeito anticolinérgico, a associação de ATCs com outros agentes anticolinérgicos, como antiespasmódicos, antidiarreicos ou relaxantes musculares, pode aumentar o risco de obstrução intestinal.

Lítio

Agentes anti-inflamatórios não esteroides, como o ibuprofeno, podem aumentar as concentrações plasmáticas de lítio. Diuréticos, especialmente tiazídicos, e inibidores da enzima conversora da angiotensina também podem aumentar as concentrações plasmáticas de lítio. O metronidazol diminui a eliminação renal do lítio, o que pode ocasionar intoxicação. Por outro lado, medicações como a acetazolamida, agentes alcalinizantes, preparações com xantina e ureia podem reduzir as concentrações plasmáticas de lítio e, consequentemente, sua ação terapêutica. Metildopa, carbamazepina e fenitoína podem interagir com o lítio, aumentando sua toxicidade. É necessário ter cautela ao usar lítio em combinação com bloqueadores dos canais de cálcio, pois isso também pode aumentar a toxicidade do medicamento.

Considerações finais

Neste capítulo, abordou-se a importância dos medicamentos no tratamento da depressão, explorando seu funcionamento, benefícios e considerações para o uso adequado. Foram elencadas diferentes classes de antidepressivos, como ISRSs, IRSNs, ATCs, entre outros, e discutiu-se seus mecanismos de ação, interações e possíveis efeitos colaterais. Enfatizou-se a relevância de uma abordagem personalizada, considerando idade, a particularidade da gestação e a colaboração entre paciente e profissional da saúde. O objetivo foi informar e preparar o leitor para auxiliar seus pacientes ou a enfrentar a depressão e melhorar sua qualidade de vida.

Referências

Alwan, S., Friedman, J. M., & Chambers, C. (2016). Safety of selective serotonin reuptake inhibitors in pregnancy: A review of current evidence. *CNS Drugs*, 30(6), 499-515.

American Psychiatric Association (APA). (2014). *Manual diagnóstico e estatístico de transtornos mentais: DSM-5* (5. ed.). Artmed.

Autry, A. E., Adachi, M., Nosyreva, E., Na, E. S., Los, M. F., Cheng, P., ... Monteggia, L. M. (2011). NMDA receptor blockade at rest triggers rapid behavioural antidepressant responses. *Nature*, 475(7354), 91-95.

Avasthi, A., & Grover, S. (2018). Clinical practice guidelines for management of depression in elderly. *Indian Journal of Psychiatry*, 60(7), 341-362.

Bałkowiec-Iskra, E., Mirowska-Guzel, D. M., & Wielgoś, M. (2017). Effect of antidepressants use in pregnancy on foetus development and adverse effects in newborns. *Ginekologia Polska*, 88(1), 36-42.

Bandelow, B., Michaelis, S., & Wedekind, D. (2017). Treatment of anxiety disorders. *Dialogues in Clinical Neuroscience*, 19(2), 93-107.

Berman, R. M., Cappiello, A., Anand, A., Oren, D. A., Heninger, G. R., Charney, D. S., & Krystal, J. H. (2000). Antidepressant effects of ketamine in depressed patients. *Biological Psychiatry*, 47(4), 351-354.

Brito, V. C. de A., Bello-Corassa, R., Stopa, S. R., Sardinha, L. M. V., Dahl, C. M., & Viana, M. C. (2022). Prevalência de depressão autorreferida no Brasil: Pesquisa Nacional de Saúde 2019 e 2013. *Epidemiologia e Serviços de Saúde*, 31(spe 1), 1-13.

Cade, J. F. J. (1949). Lithium salts in the treatment of psychotic excitement. *Medical Journal of Australia*, 2(10), 349-352.

Cantù, F., Ciappolino, V., Enrico, P., Moltrasio, C., Delvecchio, G., & Brambilla, P. (2021). Augmentation with atypical antipsychotics for treatment-resistant depression. *Journal of Affective Disorders*, 280(Pt A), 45-53.

Carhart-Harris, R. L., & Goodwin, G. M. (2017). The therapeutic potential of psychedelic drugs: Past, present, and future. *Neuropsychopharmacology*, 42(11), 2105-2113.

Chamberlain, S. R., & Baldwin, D. S. (2021). Monoamine Oxidase Inhibitors (MAOIs) in psychiatric practice: How to use them safely and effectively. *CNS Drugs*, 35(7), 703-716.

Cipriani, A., Furukawa, T. A., Salanti, G., Chaimani, A., Atkinson, L. Z., Ogawa, Y., ... Geddes, J. R. (2018). Comparative efficacy and acceptability of 21 antidepressant drugs for the acute treatment of adults with major depressive disorder: A systematic review and network meta-analysis. *The Lancet*, 391(10128), 1357-1366.

Cleare, A., Pariante, C., Young, A., Anderson, I., Christmas, D., Cowen, P., ... Uher, R. (2015). Evidence-based guidelines for treating depressive disorders with antidepressants: A revision of the 2008 British Association for Psychopharmacology guidelines. *Journal of Psychopharmacology*, 29(5), 459-525.

Cohen, Z. D., & DeRubeis, R. J. (2018). Treatment selection in depression. *Annual Review of Clinical Psychology*, 14(1), 209-236.

De las Cuevas, C., & de Leon, J. (2017). Reviving research on medication attitudes for improving pharmacotherapy: Focusing on adherence. *Psychotherapy and Psychosomatics*, 86(2), 73-79.

Diaz, D., Vallejos, Á., Torres, S., William Hernández, Calvache, J., Merchán, J., ... Maldonado, L. (2020). Detection of potential risks in the prescription of tricyclic antidepressants through an online clinical alert system. *Revista Colombiana de Psiquiatría*, 49(1), 9-14.

Dobrek, L., & Głowacka, K. (2023). Depression and its phytopharmacotherapy—a narrative review. *International Journal of Molecular Sciences*, 24(5), 4772.

Dupuy, J. M., Ostacher, M. J., Huffman, J., Perlis, R. H., & Nierenberg, A. A. (2011). A critical review of pharmacotherapy for major depressive disorder. *The International Journal of Neuropsychopharmacology*, 14(10), 1417-1431.

Edinoff, A. N., Akuly, H. A., Hanna, T. A., Ochoa, C. O., Patti, S. J., Ghaffar, Y. A., ... Kaye, A. M. (2021). Selective serotonin reuptake inhibitors and adverse effects: A narrative review. *Neurology International*, 13(3), 387-401.

Edinoff, A. N., Swinford, C. R., Odisho, A. S., Burroughs, C. R., Stark, C. W., Raslan, W. A., ... Kaye, A. D. (2022). Clinically relevant drug interactions with monoamine oxidase inhibitors. *Health Psychology Research*, 10(4), 39576.

Ferensztajn-Rochowiak, E., & Rybakowski, J. K. (2023). Long-Term lithium therapy: Side effects and interactions. *Pharmaceuticals*, 16(1), 74.

Ferensztajn-Rochowiak, E., Chłopocka-Woźniak, M., & Rybakowski, J. K. (2021). Ultra-long-term lithium therapy: All-important matters and a case of successful

50-year lithium treatment. *Brazilian Journal of Psychiatry, 43*(4), 407-413.

Fornaro, M., Maritan, E., Ferranti, R., Zaninotto, L., Miola, A., Anastasia, A., ... Solmi, M. (2020). Lithium exposure during pregnancy and the postpartum period: A Systematic review and meta-analysis of safety and efficacy outcomes. *The American Journal of Psychiatry, 177*(1), 76-92.

Fries, G. R., Saldana, V. A., Finnstein, J., & Rein, T. (2022). Molecular pathways of major depressive disorder converge on the synapse. *Molecular Psychiatry, 28*(1), 284-297.

Furukawa, T. A., Cipriani, A., Cowen, P. J., Leucht, S., Egger, M., & Salanti, G. (2019). Optimal dose of selective serotonin reuptake inhibitors, venlafaxine, and mirtazapine in major depression: A systematic review and dose-response meta-analysis. *The Lancet Psychiatry, 6*(7), 601-609.

Gabriel, F. C., de Melo, D. O., Fráguas, R., Leite-Santos, N. C., Mantovani da Silva, R. A., & Ribeiro, E. (2020). Pharmacological treatment of depression: A systematic review comparing clinical practice guideline recommendations. *Plos One, 15*(4), e0231700.

GBD 2019 Mental Disorders Collaborators (GBD). (2022). Global, regional, and national burden of 12 mental disorders in 204 countries and territories, 1990–2019: A systematic analysis for the Global Burden of Disease Study 2019. *Lancet Psychiatry, 9*(2), 137-150.

Gitlin, M. (2016). Lithium side effects and toxicity: Prevalence and management strategies. *International Journal of Bipolar Disorders, 4*(1), 27.

Goss, A. J., Kaser, M., Costafreda, S. G., Sahakian, B. J., & Fu, C. H. Y. (2013). Modafinil augmentation therapy in unipolar and bipolar depression. *The Journal of Clinical Psychiatry, 74*(11), 1101-1107.

Harmer, C. J., Duman, R. S., & Cowen, P. J. (2017). How do antidepressants work? New perspectives for refining future treatment approaches. *Lancet Psychiatry, 4*(5), 409-418.

Haussmann, R., Bauer, M., von Bonin, S., Grof, P., & Lewitzka, U. (2015). Treatment of lithium intoxication: Facing the need for evidence. *International Journal ff Bipolar Disorders, 3*(1), 23.

Jing, E., & Straw-Wilson, K. (2016). Sexual dysfunction in selective serotonin reuptake inhibitors (SSRIs) and potential solutions: A narrative literature review. *Mental Health Clinician, 6*(4), 191-196.

Kennedy, S. H., Lam, R. W., McIntyre, R. S., Tourjman, S. V., Bhat, V., Blier, P., ... Uher, R. (2016). Canadian Network for Mood and Anxiety Treatments (CANMAT) 2016 clinical guidelines for the management of adults with major depressive disorder. *Canadian Journal of Psychiatry, 61*(9), 540-560.

Ko, K., Kopra, E. I., Cleare, A. J., & Rucker, J. J. (2023). Psychedelic therapy for depressive symptoms: A systematic review and meta-analysis. *Journal of Affective Disorders, 322*, 194-204.

Kok, R. M., & Reynolds, C. F., III. (2017). Management of depression in older adults. *JAMA, 317*(20), 2114.

MacQueen, G. M., Frey, B. N., Ismail, Z., Jaworska, N., Steiner, M., Lieshout, R. J. V., ... Ravindran, A. V. (2016). Canadian Network for Mood and Anxiety Treatments (CANMAT) 2016 clinical guidelines for the management of adults with major depressive disorder. *Canadian Journal of Psychiatry, 61*(9), 588-603.

Mahli, G. S., Bell, E., Outhred, T., & Berk, M. (2020). Lithium therapy and its interactions. *Australian Prescriber, 43*(3), 91-93.

Malhi, G. S., & Mann, J. J. (2018). Depression. *Lancet, 392*(10161), 2299-2312.

Meyer, U. A. (2000). Pharmacogenetics and adverse drug reactions. *Lancet, 356*(9242), 1667-1671.

Millan, M. J. (2022). Agomelatine for the treatment of generalized anxiety disorder: Focus on its distinctive mechanism of action. *Therapeutic Advances in Psychopharmacology, 12*, 204512532211051.

Mohamadian, M., Fallah, H., Ghofrani-Jahromi, Z., Rahimi-Danesh, M., Shokouhi Qare Saadlou, M.-S., & Vaseghi, S. (2023). Mood and behavior regulation: Interaction of lithium and dopaminergic system. *Naunyn-Schmiedeberg's Archives of Pharmacology, 396*(7), 1339-1359.

Möller, H.-J., & Falkai, P. (2023). Is the serotonin hypothesis/theory of depression still relevant? Methodological reflections motivated by a recently published umbrella review. *European Archives of Psychiatry and Clinical Neuroscience, 273*(1), 1-3.

Moncrieff, J., Cooper, R. E., Stockmann, T., Amendola, S., Hengartner, M. P., & Horowitz, M. A. (2022). The serotonin theory of depression: A systematic umbrella review of the evidence. *Molecular Psychiatry, 28*, 3243-3256.

Nuñez, N. A., Joseph, B., Pahwa, M., Kumar, R., Resendez, M. G., Prokop, L. J., ... Singh, B. (2022). Augmentation strategies for treatment resistant major depression: A systematic review and network meta-analysis. *Journal of Affective Disorders, 302*, 385-400.

Ostadkarampour, M., & Putnins, E. E. (2021). Monoamine oxidase inhibitors: A review of their anti-inflammatory therapeutic potential and mechanisms of action. *Frontiers in Pharmacology, 12*, 676239.

Patel, K., Allen, S., Haque, M. N., Angelescu, I., Baumeister, D., & Tracy, D. K. (2016). Bupropion: A systematic review and meta-analysis of effectiveness as an antidepressant. *Therapeutic Advances in Psychopharmacology, 6*(2), 99-144.

Ramic, E., Prasko, S., Gavran, L., & Spahic, E. (2020). Assessment of the antidepressant side effects occurrence in patients treated in primary care. *Materia Socio Medica, 32*(2), 131-134.

Santomauro, D. F., Mantilla Herrera, A. M., Shadid, J., Zheng, P., Ashbaugh, C., Pigott, D. M., ... Ferrari, A. J. (2021). Global prevalence and burden of depressive and anxiety disorders in 204 countries and territories in 2020 due to the COVID-19 pandemic. *Lancet, 398*(10312), 1700-1712.

Selph, S., & McDonagh, M. (2019). Depression in children and adolescents: Evaluation and treatment. *American Family Physician, 100*(10), 609-617.

Shine, B., McKnight, R. F., Leaver, L., & Geddes, J. R. (2015). Long-term effects of lithium on renal, thyroid, and parathyroid function: A retrospective analysis of laboratory data. *Lancet, 386*(9992), 461-468.

Shuman, M., Chukwu, A., Van Veldhuizen, N., & Miller, S. A. (2019). Relationship between mirtazapine dose and incidence of adrenergic side effects: An exploratory analysis. *Mental Health Clinician, 9*(1), 41-47.

Smith-Apeldoorn, S. Y., Veraart, J. K., Spijker, J., Kamphuis, J., & Schoevers, R. A. (2022). Maintenance ketamine treatment for depression: A systematic review of efficacy, safety, and tolerability. *Lancet Psychiatry*, 9(11), 907-921.

Spencer, J. P., Thomas, S., & Pawlowski, R. H. T. (2022). Medication safety in breastfeeding. *American Family Physician*, 106(6), 638-644.

Sprague, J., Wisner, K. L., & Bogen, D. L. (2020). Pharmacotherapy for depression and bipolar disorder during lactation: A framework to aid decision making. *Seminars in Perinatology*, 44(3), 151224.

Tylee, A., & Jones, R. (2005). Managing depression in primary care. *British Medical Journal*, 330(7495), 800-801.

van Poelgeest, E. P., Pronk, A. C., Rhebergen, D., & van der Velde, N. (2021). Depression, antidepressants and fall risk: Therapeutic dilemmas—a clinical review. *European Geriatric Medicine*, 12(3), 585-596.

Vos, C. F., Aarnoutse, R. E., Op de Coul, M. J. M., Spijker, J., Groothedde-Kuyvenhoven, M. M., Mihaescu, R., ... Janzing, J. G. E. (2021). Tricyclic antidepressants for major depressive disorder: A comprehensive evaluation of current practice in the Netherlands. *BMC Psychiatry*, 21(1), 481.

Wang, Z., Li, H., Kang, Y., Liu, Y., Shan, L., & Wang, F. (2022). Risks of digestive system side-effects of selective serotonin reuptake inhibitors in patients with depression: A network meta-analysis. *Therapeutics and Clinical Risk Management*, 18, 799-812.

Womersley, K., Pipullone, K., & Agius, M. (2017). What are the risks associated with different Selective Serotonin Re-uptake Inhibitors (SSRIs) to treat depression and anxiety in pregnancy? An evaluation of current evidence. *Psychiatria Danubina*, 29(Suppl 3), 629-644.

Zanos, P., & Gould, T. D. (2018). Mechanisms of ketamine action as an antidepressant. *Molecular Psychiatry*, 23(4), 801-811.

Zarate, C. A., Singh, J. B., Carlson, P. J., Brutsche, N. E., Ameli, R., Luckenbaugh, D. A., ... Manji, H. K. (2006). A randomized trial of an n-methyl-d-aspartate antagonist in treatment-resistant major depression. *Archives of General Psychiatry*, 63(8), 856-864.

Zhou, X., Teng, T., Zhang, Y., Del Giovane, C., Furukawa, T. A., Weisz, J. R., ... Xie, P. (2020). Comparative efficacy and acceptability of antidepressants, psychotherapies, and their combination for acute treatment of children and adolescents with depressive disorder: A systematic review and network meta-analysis. *Lancet Psychiatry*, 7(7), 581-601.

Leituras recomendadas

Cipriani, A., Zhou, X., Del Giovane, C., Hetrick, S. E., Qin, B., Whittington, C., ... Xie, P. (2016). Comparative efficacy and tolerability of antidepressants for major depressive disorder in children and adolescents: A network meta-analysis. *The Lancet*, 388(10047), 881-890.

Espinoza, R. T., & Kellner, C. H. (2022). Electroconvulsive therapy. *New England Journal of Medicine*, 386(7), 667-672.

Geddes, J. R., & Andreasen, N. C. (2020). *New Oxford textbook of psychiatry*. Oxford University.

Giakoumatos, C. I., & Osser, D. (2019). The psychopharmacology algorithm project at the Harvard South Shore Program: An update on unipolar nonpsychotic depression. *Harvard Review of Psychiatry*, 27(1), 33-52.

Golden-Tevald, J. (2013). Response to letter to the editor of osteopathic family physician from Dr Thomas Hilgers. *Osteopathic Family Physician*, 5(5), 211-212.

Levey, D. F., Stein, M. B., Wendt, F. R., Pathak, G. A., Zhou, H., Aslan, M., ... Gelernter, J. (2021). Bi-ancestral depression GWAS in the Million Veteran Program and meta-analysis in >1.2 million individuals highlight new therapeutic directions. *Nature Neuroscience*, 24(7), 954-963.

Oystein Berle, J., & Spigset, O. (2011). Antidepressant use during breastfeeding. *Current Women's Health Reviews*, 7(1), 28-34.

Capítulo 16
Neuromodulação em psiquiatria

Eduardo A. **Tedeschi**
Cristian Roman **Bonez**
Fabiano dos Santos **Barato**

A neuromodulação em psiquiatria é uma área relativamente nova, com as primeiras técnicas sendo realizadas na década de 1930. A técnica mais conhecida é a eletroconvulsoterapia (ECT). Nos anos 1990, a neuromodulação teve um grande avanço com a inclusão de técnicas não invasivas, como a estimulação magnética transcraniana (TMS, do inglês transcranial magnetic stimulation) e a estimulação transcraniana por corrente contínua (TDCS, do inglês transcranial direct current stimulation). Abordamos essas técnicas neste capítulo, bem como as novas técnicas que estão sendo desenvolvidas, como a estimulação vagal.

Eletroconvulsoterapia

A ECT é uma técnica desenvolvida no início do século XX, em 1938, por um neurologista italiano chamado Ugo Cerletti e seu colega Lucio Bini. Na época, acreditava-se que a convulsão gerada poderia aliviar sintomas de esquizofrenia. Durante as décadas de 1940 e 1950, a ECT tornou-se amplamente utilizada no tratamento da esquizofrenia e da depressão, sendo considerada uma opção de primeira linha.

Nesse período, houve um avanço nas técnicas anestésicas, o que proporcionou maior conforto e segurança ao paciente. Outra mudança importante, que reduziu os efeitos colaterais, foi a alteração no tipo de estímulo elétrico e na forma da onda. Os aparelhos modernos já incorporam essas modificações, permitindo ajustar os parâmetros, como pulso, frequência e tempo de estímulo (Taylor, 2007).

Mecanismos de ação

Apesar da segurança e da eficácia da ECT estarem bem estabelecidas, o mecanismo exato pelo qual a técnica funciona ainda não é completamente compreendido.

No entanto, existem várias hipóteses que podem explicar como a ECT alivia os sintomas em transtornos mentais graves. Algumas dessas hipóteses incluem (McCall et al., 2014; Singh & Kar, 2017; Sun et al., 2022):

- Alterações da atividade cerebral, especialmente em áreas do cérebro envolvidas no processamento emocional e de regulação do humor.
- Aumento na produção de neurotransmissores, o que melhora a comunicação entre os neurônios.
- Redução da inflamação e aumento da plasticidade cerebral (capacidade do cérebro de mudar e se adaptar).
- Redução do estresse oxidativo no cérebro, o que ajuda na proteção cerebral.

Indicações

Desde os primórdios, a ECT tem mostrado sua efetividade em diversos transtornos neuropsiquiátricos, sendo os pacientes com quadros depressivos associados a características psicóticas, melancólicas ou refratárias os mais beneficiados (Chen et al., 2017). Além dos pacientes com depressão, pacientes com outros transtornos também se beneficiam do tratamento.

Transtorno depressivo maior

A sintomatologia depressiva pode ser decorrente de diversas psicopatologias, e seus principais sintomas (tristeza, desânimo, alterações no apetite e no padrão de sono) estão associados a mudanças no comportamento e pensamento, gerando intenso sofrimento e prejuízo funcional. Segundo a Organização Mundial da Saúde (OMS), a depressão é a principal causa de incapacidade em todo o mundo e afeta aproximadamente 280 milhões de pessoas (World Health Organization [WHO], 2017).

Nos pacientes com transtorno depressivo maior (TDM), a ECT é o procedimento mais seguro e eficaz, principalmente nos indivíduos com predominância de sintomatologia melancólica ou psicótica, sejam eles refratários ou não. Quando comparada à psicofarmacologia clássica ou à cetamina, a ECT continua sendo mais efetiva (Ekstrand et al., 2022; Nakajima et al., 2022; van Diermen et al., 2020).

Contraindicações

Diferentemente dos casos citados, o uso da ECT em transtornos neuropsiquiátricos como agitação refratária em pacientes com síndromes demenciais, casos de epilepsia refratária e síndrome neuroléptica maligna é incerto e deve ser adequadamente avaliado antes de sua indicação (Espinoza & Kellner, 2022).

Exames complementares

Exames de imagem e laboratoriais somente são necessários caso o paciente apresente alguma comorbidade clínica ou histórico de complicações anestésicas. Sugere-se realizar rotineiramente o exame de beta-HCG em mulheres em idade fértil e o eletrocardiograma (ECG) em pacientes com idade acima de 50 anos. Além disso, é uma boa prática avaliar a função cognitiva (Rosa & Rosa, 2015).

Efeitos colaterais

Independentemente de sua segurança estabelecida, a ECT pode acarretar alguns efeitos colaterais, predominantemente transitórios e de fácil resolução, como (Leiknes et al., 2012):

- **Efeitos físicos**: dores de cabeça, dor muscular e fadiga
- **Efeitos cognitivos**: perda de memória temporária, sendo o período médio de recuperação dessa função de 4 a 8 semanas
- **Riscos associados à anestesia**: alergias, efeitos colaterais da medicação anestésica e alterações nos parâmetros respiratórios e cardiovasculares

Desmistificando a técnica

Atualmente, a ECT é realizada com aparelhos regulamentados pela Agência Nacional de Vigilância Sanitária (Anvisa). As duas marcas comercializadas no Brasil apresentam poucas diferenças entre elas e ambas atendem aos padrões necessários para a prática segura do procedimento (Tedeschi et al., 2021).

As sessões de ECT devem ser realizadas em bloco cirúrgico ou em local com suporte adequado para que o paciente receba anestesia geral (Soehle & Bochem, 2018). É recomendado que o paciente esteja acompanhado por um familiar durante as sessões, caso não esteja internado. O preparo do paciente inclui um jejum de 6 a 8 horas e o preenchimento de um termo de consentimento, que pode ser assinado pelo próprio paciente ou por um representante legal.

O posicionamento dos eletrodos pode ser unilateral, bilateral ou bifrontal, e a escolha é determinada por características individuais do paciente e pela familiaridade do psiquiatra. A ECT bilateral apresenta as melhores evidências para uma resolu-

> **LEMBRAR**
>
> Apesar do desenvolvimento de novas técnicas terapêuticas em psiquiatria, a ECT continua sendo uma ferramenta fundamental no tratamento de transtornos psiquiátricos graves e refratários.

ção rápida, mas estudos recentes indicam que o uso unilateral pode ter a mesma eficácia com menor intensidade de efeitos colaterais cognitivos (Kolshus et al., 2017; McCall et al., 2017).

A intensidade do estímulo e os parâmetros para cada paciente são estabelecidos na primeira sessão, e a técnica de titulação é a abordagem mais confiável para evitar doses excessivas ou inadequadas. O tempo aproximado da sessão varia de 30 a 40 minutos. Esse procedimento pode ser repetido de 2 a 3 vezes por semana, e o número médio de sessões varia entre 8 e 12 (Kolshus et al., 2017; Min et al., 2020; Minelli et al., 2016; Tedeschi et al., 2021).

Estimulação magnética transcraniana

A estimulação magnética transcraniana (TMS) foi descoberta em 1985 pelo pesquisador britânico Anthony Barker e sua equipe. No ano de 1991, a TMS passou por aprimoramentos e, em 2008, recebeu a aprovação da Food and Drug Administration (FDA) para o tratamento da depressão.

> **IMPORTANTE**
>
> A indicação criteriosa e a aplicação adequada de todos os parâmetros de segurança fortalecem o uso da ECT e reduzem o risco de novas barreiras causadas por desconhecimento.

Mecanismo de ação

A TMS funciona pela aplicação de pulsos magnéticos na região do cérebro que se deseja estimular. Esses pulsos geram correntes elétricas que podem modular a atividade neuronal, oferecendo potenciais benefícios terapêuticos. A técnica é considerada não invasiva e indolor, sendo realizada em consultórios ou clínicas.

Além do tratamento da depressão, a TMS tem se mostrado promissora em outras condições, como transtorno do espectro autista (TEA), transtorno obsessivo-compulsivo (TOC), transtorno de estresse pós-traumático (TEPT), enxaqueca crônica e esquizofrenia (Klomjai et al., 2015).

> **LEMBRAR**
>
> A ECT é realizada em um ambiente controlado, com uma equipe especializada composta por psiquiatras, anestesistas e profissionais de enfermagem. Além disso, a técnica é aplicada com aparelhos regulamentados e seguindo protocolos de segurança estabelecidos.

Parametros técnicos

A TMS utiliza pulsos magnéticos de alta ou baixa intensidade para estimular áreas específicas do cérebro. A estimulação magnética transcraniana repetitiva (EMTr) refere-se à aplicação repetida desses pulsos.

A EMTr tem sido objeto de estudos como um potencial tratamento para diversos transtornos psiquiátricos e neurológicos. Seus efeitos neuromoduladores dependem de vários parâmetros de estimulação, incluindo frequência, intensidade, duração, alvo cortical, número de sessões e características individuais do paciente, como idade, estado de saúde, uso de medicamentos e sintomas específicos.

> **IMPORTANTE**
>
> Em termos gerais, a EMTr é classificada em alta frequência (> 1 Hz), que aumenta a excitabilidade cortical, e baixa frequência (< 1 Hz), que reduz a excitabilidade cortical.

A EMTr tem sido explorada como uma opção terapêutica em condições como depressão resistente ao tratamento, TEA, transtorno de ansiedade, TOC, doença de Parkinson, esquizofrenia e outras condições neurológicas e psiquiátricas (Jannati et al., 2023).

Estimulação do nervo vago

A estimulação elétrica do nervo vago (ENV) é uma técnica terapêutica que envolve a estimulação elétrica do nervo vago, uma das principais vias de comunicação entre o cérebro e o corpo.

Estudos clínicos têm investigado a eficácia da ENV no tratamento de depressão, transtorno de pânico e ansiedade generalizada, entre outras condições. A estimulação é realizada por meio de um dispositivo que é implantado cirurgicamente e envia pulsos elétricos ao nervo vago, que então transmite esses sinais para o cérebro.

Embora os mecanismos exatos pelos quais a ENV produz seus efeitos terapêuticos ainda não sejam completamente compreendidos, acredita-se que a estimulação do nervo vago possa modular as vias neuroquímicas e reduzir a hiperexcitabilidade neuronal associada a certas condições (Cimpianu et al., 2017).

Contraindicações

Existem contraindicações para o uso da ENV, tais como histórico de convulsões, presença de doenças cardiovasculares graves ou alterações na anatomia do nervo vago. É necessário avaliar cuidadosamente cada paciente antes de iniciar o tratamento, levando em consideração o seu histórico médico, exames clínicos e outros fatores relevantes (Cimpianu et al., 2017).

Efeitos adversos

A ENV é geralmente considerada um procedimento seguro, com baixo risco de efeitos adversos. No entanto, alguns eventos podem existir, sendo rouquidão, tosse, cefaleia e náusea os mais comuns (Bremner et al., 2020).

> **LEMBRAR**
>
> A ENV é uma técnica de neuromodulação que tem se mostrado eficaz no tratamento de várias condições psiquiátricas.

Estimulação transcraniana por corrente contínua

A estimulação transcraniana por corrente contínua (TDCS) é um método de estimulação cerebral que consiste em aplicar corrente elétrica contínua em uma determinada área do cérebro, utilizando um gerador de corrente conectado a dois eletrodos posicionados no couro cabeludo (Chase et al., 2020).

Técnica e mecanismo de ação

Os mecanismos de ação ainda não são precisamente conhecidos; entretanto, acredita-se que a exposição das células cerebrais à corrente contínua possa influenciar o seu comportamento neuronal, incluindo alterações na excitabilidade cortical, no funcionamento das redes neuronais e, consequentemente, na plasticidade cerebral (Brunoni et al., 2017).

Muitos fatores podem influenciar os efeitos do procedimento, incluindo a duração, a frequência da estimulação, a intensidade da corrente e a localização dos eletrodos (Fregni et al., 2021a).

> **IMPORTANTE**
>
> As evidências atuais sugerem que a ENV é uma opção de tratamento segura e eficaz para pacientes com depressão, transtorno de pânico e ansiedade generalizada.

Indicações e contraindicações

Embora a TDCS, assim como outros métodos de estimulação cerebral não invasivos, possa ser bem tolerada como tratamento na depressão, seus efeitos são limitados e sua indicação deve ocorrer apenas, com expectativas realistas, como adjuvante a outros métodos de tratamento (Fregni et al., 2021b).

> **LEMBRAR**
>
> A TDCS é uma excelente opção terapêutica para várias patologias, destacando-se por sua segurança e praticidade. No entanto, apesar da existência de evidências de sua eficácia, são necessários mais estudos para fortalecer suas indicações.

Referências

Bremner, J. D., Gurel, N. Z., Wittbrodt, M. T., Shandhi, M. H., Rapaport, M. H., Nye, J. A., ... Inan, O. T. (2020). Application of noninvasive vagal nerve stimulation to stress-related psychiatric disorders. *Journal of Personalized Medicine*, 10(3), 119.

Brunoni, A. R., Chaimani, A., Moffa, A. H., Razza, L. B., Gattaz, W. F., Daskalakis, Z. J., & Carvalho, A. F. (2017). repetitive transcranial magnetic stimulation for the acute treatment of major depressive episodes: A systematic review with network meta-analysis. *JAMA Psychiatry*, 74(2), 143-152.

Chase, H. W., Boudewyn, M. A., Carter, C. S., & Phillips, M. L. (2020). Transcranial direct current stimulation: A roadmap for research, from mechanism of action to clinical implementation. *Molecular Psychiatry*, 25(2), 397-407.

Chen, G.-D., Ji, F., Li, G.-Y., Lyu, B.-X., Hu, W., & Zhuo, C.-J. (2017). Antidepressant effects of electroconvulsive therapy unrelated to the brain's functional network connectivity alterations at an individual level. *Chinese Medical Journal*, 130(4), 414-419.

Cimpianu, C.-L., Strube, W., Falkai, P., Palm, U., & Hasan, A. (2017). Vagus nerve stimulation in psychiatry: A systematic review of the available evidence. *Journal of Neural Transmission*, 124(1), 145-158.

Ekstrand, J., Fattah, C., Persson, M., Cheng, T., Nordanskog, P., Åkeson, J., ... Movahed Rad, P. (2022). Racemic ketamine as an alternative to electroconvulsive therapy for unipolar depression: A randomized, open-label, non-inferiority trial (KetECT). *International Journal of Neuropsychopharmacology*, 25(5), 339-349.

Espinoza, R. T., & Kellner, C. H. (2022). Electroconvulsive therapy. *The New England Journal of Medicine*, 386(7), 667-672.

Fregni, F., El-Hagrassy, M. M., Pacheco-Barrios, K., Carvalho, S., Leite, J., Simis, M., ... Neuromodulation Center Working Group. (2021a). Evidence-based guidelines and secondary meta-analysis for the use of transcranial direct current stimulation in neurological and psychiatric disorders. *The International Journal of Neuropsychopharmacology*, 24(4), 256-313.

Fregni, F., El-Hagrassy, M. M., Pacheco-Barrios, K., Carvalho, S., Leite, J., Simis, M., ... Neuromodulation Center Working Group. (2021b). Evidence-based guidelines and secondary meta-analysis for the use of transcranial direct current stimulation in neurological and psychiatric disorders. *The International Journal of Neuropsychopharmacology*, 24(4), 256-313.

Jannati, A., Oberman, L. M., Rotenberg, A., & Pascual-Leone, A. (2023). Assessing the mechanisms of brain plasticity by transcranial magnetic stimulation. *Neuropsychopharmacology*, 48(1), 191-208.

Kolshus, E., Jelovac, A., & McLoughlin, D. M. (2017). Bitemporal v. high-dose right unilateral electroconvulsive therapy for depression: A systematic review and meta-analysis of randomized controlled trials. *Psychological Medicine*, 47(3), 518-530.

Leiknes, K. A., Jarosh-von Schweder, L., & Høie, B. (2012). Contemporary use and practice of electroconvulsive therapy worldwide. *Brain and Behavior*, 2(3), 283-344.

McCall, W. V., Andrade, C., & Sienaert, P. (2014). Searching for the mechanism(s) of ECT's therapeutic effect. *The Journal of ECT*, 30(2), 87-89.

McCall, W. V., Lisanby, S. H., Rosenquist, P. B., Dooley, M., Husain, M. M., Knapp, R. G., ... Kellner, C. H. (2017). Effects of a right unilateral ultrabrief pulse electroconvulsive therapy course on health related quality of life in elderly depressed patients. *Journal of Affective Disorders, 209*, 39-45.

Min, B., Kim, M., Lee, J., Byun, J.-I., Chu, K., Jung, K.-Y., ... Kwon, J. S. (2020). Prediction of individual responses to electroconvulsive therapy in patients with schizophrenia: Machine learning analysis of resting-state electroencephalography. *Schizophrenia Research, 216*, 147-153.

Minelli, A., Abate, M., Zampieri, E., Gainelli, G., Trabucchi, L., Segala, M., ... Bortolomasi, M. (2016). Seizure adequacy markers and the prediction of electroconvulsive therapy response. *The Journal of ECT, 32*(2), 88-92.

Nakajima, K., Takamiya, A., Uchida, T., Kudo, S., Nishida, H., Minami, F., ... Hirano, J. (2022). Individual prediction of remission based on clinical features following electroconvulsive therapy: A machine learning approach. *The Journal of Clinical Psychiatry, 83*(5), 42434.

Rosa, M. A., & Rosa, M. O. (2015). *Fundamentos da eletroconvulsoterapia*. Artmed.

Singh, A., & Kar, S. K. (2017). How electroconvulsive therapy works?: Understanding the neurobiological mechanisms. *Clinical Psychopharmacology and Neuroscience, 15*(3), 210-221.

Soehle, M., & Bochem, J. (2018). Anesthesia for electroconvulsive therapy. *Current Opinion in Anaesthesiology, 31*(5), 501-505.

Sun, S., Yang, P., Chen, H., Shao, X., Ji, S., Li, X., ... Hu, B. (2022). Electroconvulsive therapy-induced changes in functional brain network of major depressive disorder patients: A longitudinal resting-state electroencephalography study. *Frontiers in Human Neuroscience, 16*, 852657.

Taylor, S. (2007). Electroconvulsive therapy: A review of history, patient selection, technique, and medication management. *Southern Medical Journal, 100*(5), 494-498.

Tedeschi, E. A., Patusco, L. M., Zahler, S., Martini, M., Chiavaro da Fonseca, R., & Magalhães, P. V. S. (2021). Factors associated with seizure adequacy along the course of electroconvulsive therapy. *The Journal of ECT, 37*(1), 46-50.

van Diermen, L., Poljac, E., Van der Mast, R., Plasmans, K., Van den Ameele, S., Heijnen, W., ... Kamperman, A. (2020). Toward targeted ECT: The interdependence of predictors of treatment response in depression further explained. *The Journal of Clinical Psychiatry, 82*(1), 20m13287.

World Health Organization (WHO). (2017). *Depression and other common mental disorders: Global health estimates*. WHO. https://apps.who.int/iris/bitstream/handle/10665/254610/WHO-MSD-MER-2017.2-eng.pdf

Leituras recomendadas

Baghai, T. C., & Möller, H.-J. (2008). Electroconvulsive therapy and its different indications. *Dialogues in Clinical Neuroscience, 10*(1), 105-117.

Gonzalez-Pinto, A., Aldama, A., Mosquera, F., & Gonzalez Gomez, C. (2007). Epidemiology, diagnosis and management of mixed mania. *CNS Drugs, 21*(8), 611-626.

Grover, S., Sahoo, S., Rabha, A., & Koirala, R. (2019). ECT in schizophrenia: A review of the evidence. *Acta Neuropsychiatrica, 31*(3), 115-127.

Kammen, A., Cavaleri, J., Lam, J., Frank, A. C., Mason, X., Choi, W., ... Lee, D. J. (2022). Neuromodulation of OCD: A review of invasive and non-invasive methods. *Frontiers in Neurology, 13*, 909264.

Munkholm, K., Jørgensen, K. J., & Paludan-Müller, A. S. (2021). Electroconvulsive therapy for preventing relapse and recurrence in bipolar disorder. *Cochrane Database of Systematic Reviews, 2021*(11), CD015172.

Perugi, G., Medda, P., Toni, C., Mariani, M. G., Socci, C., & Mauri, M. (2017). The Role of Electroconvulsive Therapy (ECT) in bipolar disorder: Effectiveness in 522 patients with bipolar depression, mixed-state, mania and catatonic features. *Current Neuropharmacology, 15*(3), 359-371.

Yatham, L. N., Kennedy, S. H., Parikh, S. V., Schaffer, A., Bond, D. J., Frey, B. N., ... Berk, M. (2018). Canadian Network for Mood and Anxiety Treatments (CANMAT) and International Society for Bipolar Disorders (ISBD) 2018 guidelines for the management of patients with bipolar disorder. *Bipolar Disorders, 20*(2), 97-170.

Agenda semanal	Atividades prazerosas em família	Diário de gratidão
Escolha de hábitos saudáveis	Exercício antiprocrastinação	GAD-7
Lista de atividades prazerosas	Pensamentos alternativos	PHQ-9
Planilhas de automonitoramento	Prevenção de recaídas	Prováveis causas de depressão
Registro ABC	Registro ABCDE	Trabalhando com minhas características sociais